La aventura de comer

La aventura de comer

Lumen

Papel certificado por el Forest Stewardship Council®

MIXTO
Papel procedente de
fuentes responsables
FSC® C117695

Penguin
Random House
Grupo Editorial

Primera edición con este formato: julio de 2022

© 2007, sucesores de Joaquín Salvador Lavado (Quino)
Reservados los derechos exclusivos en lengua castellana para España
© 2008, 2022, Penguin Random House Grupo Editorial, S. A. U.
Travessera de Gràcia, 47-49. 08021 Barcelona

Printed in Spain – Impreso en España

ISBN: 978-84-264-2382-5
Depósito legal: B-9.674-2022

Compuesto en M. I. Maquetación, S. L.
Impreso en Limpergraf, S. L. (Barberà del Vallès, Barcelona)

H 4 2 3 8 2 5

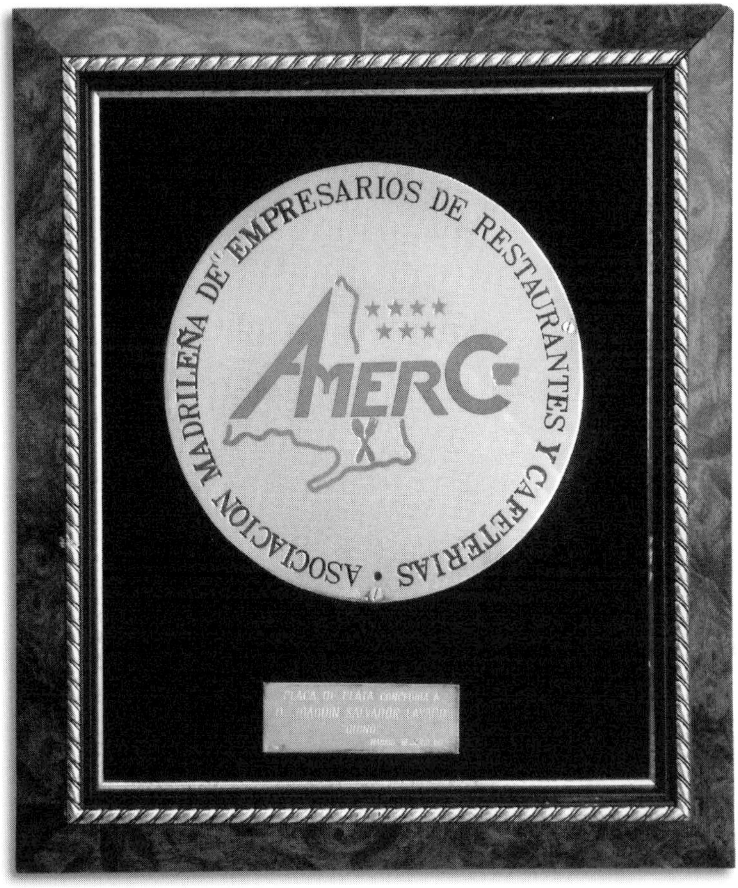
ASOCIACION MADRILEÑA DE EMPRESARIOS DE RESTAURANTES Y CAFETERIAS
AMERC

Placa de plata otorgada a Quino
por la Asociación Madrileña de Empresarios de Restaurantes
y Cafeterías, por haber contribuido con sus manifestaciones gráficas
al prestigio y la difusión gastronómica.
Madrid, 19 de junio de 1997

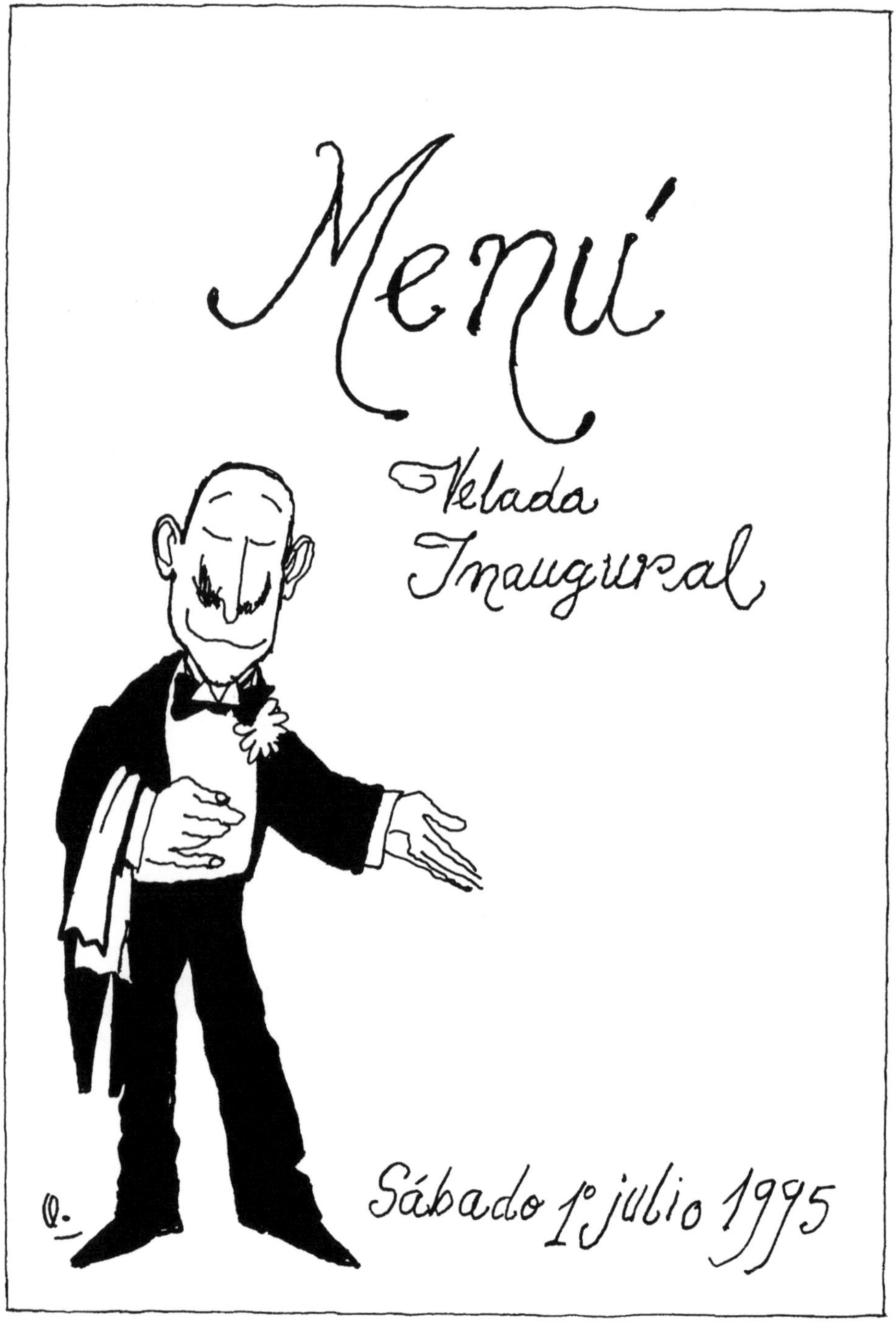
Menú
Velada
Inaugural
Sábado 1º julio 1995

Buenos Aires, cambio de hogar.
Menú propuesto al grupo de amigos invitados a conocerlo.

Appetizers

- Viande froide   *
- Crème d'avocat
- Crema di melanzane
- Bocconcini di Bufala
- Tonno alle olive

∽◦∾

- Fricassée froide de volaille
- Arenques a la remolacha
- Cuori di palma

∽◦∾

- Lenticchie alla milanese

∽◦∾

- Gelati e sorbetti
- Caffè - Petit fours

∽◦∾

- Vino blanco
- Vino rosso
- La Champagna

∽◦∾

* Panecillos de olivas

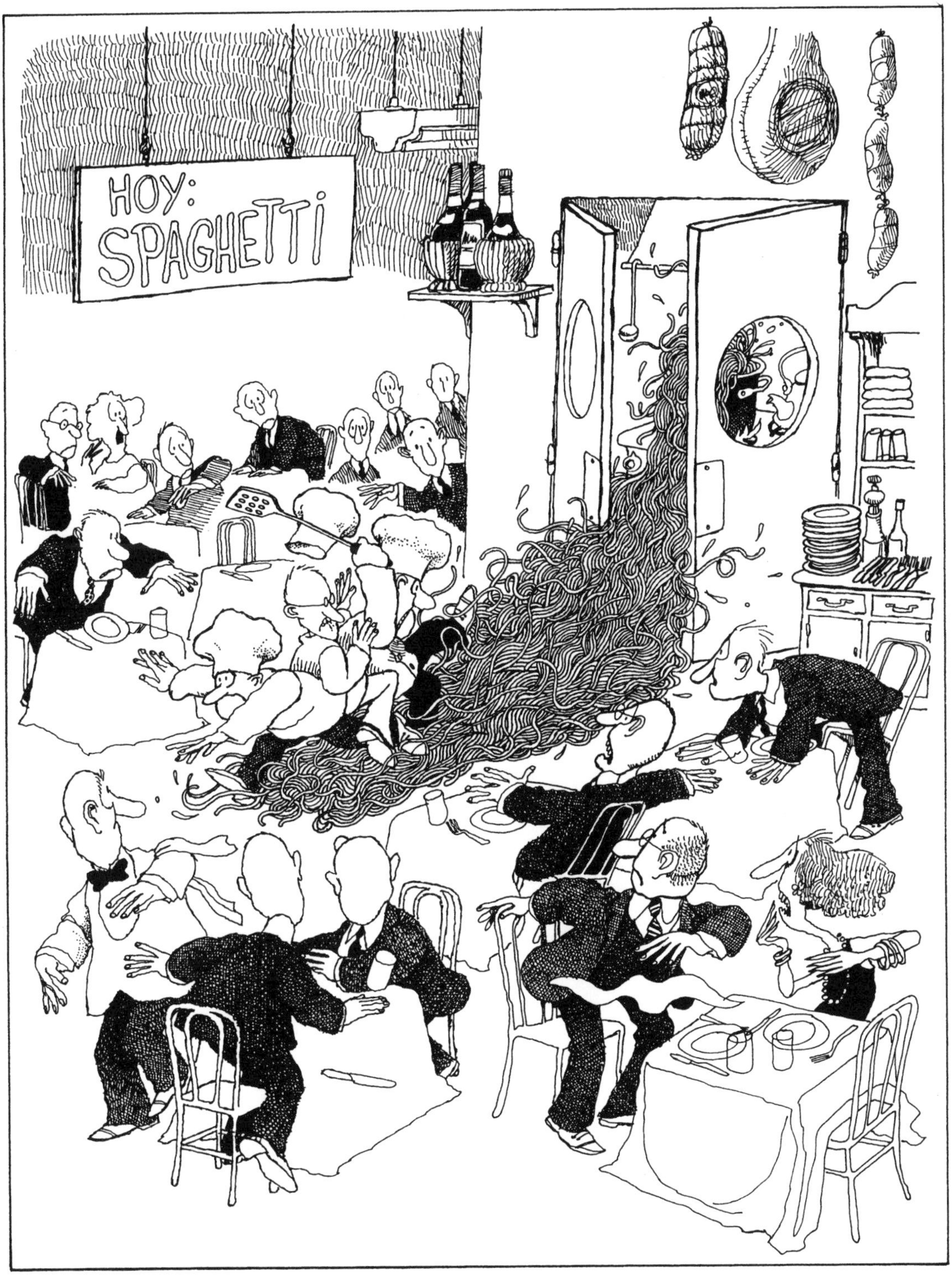
HOY:
SPAGHETTI

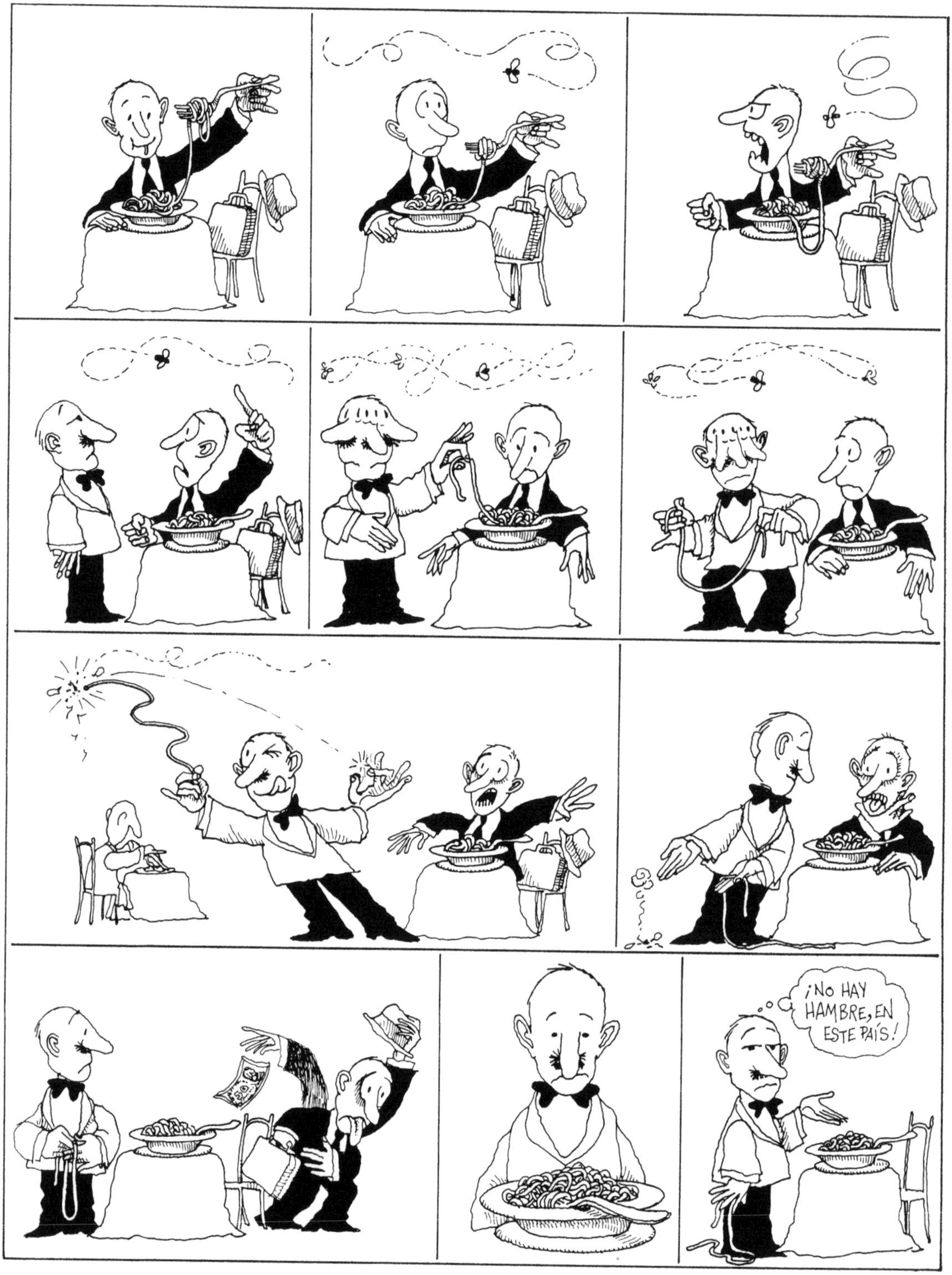
¡NO HAY HAMBRE, EN ESTE PAÍS!

PERO...¿QUÉ ES ESTO?
¡¡CAMARERO!!...

¡UNA MOSCA EN MI "SOUPE-NATURE"!
¿SE DA CUENTA? ¡¡UNA MOSCA!!

MIL DISCULPAS, SEÑOR, NO SÉ CÓMO HA PODIDO
OCURRIR. ¿USTED CUÁNTAS DESEARÍA?

NO SÉ,...SIETE U OCHO, POR
LO MENOS, ¿NO?
BIEN, SEÑOR.

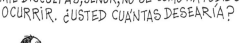

¡MISERABLES!

¿NO ES UNA VERGÜENZA? SE DICEN UN
RESTAURANTE DE LUJO,¡Y MEZQUINAN
LOS INGREDIENTES!

¡¡CÓMO SE ESTÁ PONIENDO
EL MUNDO, DIOS, CÓMO SE
ESTÁ PONIENDO EL MUNDO!!...

¡¡ESO!!

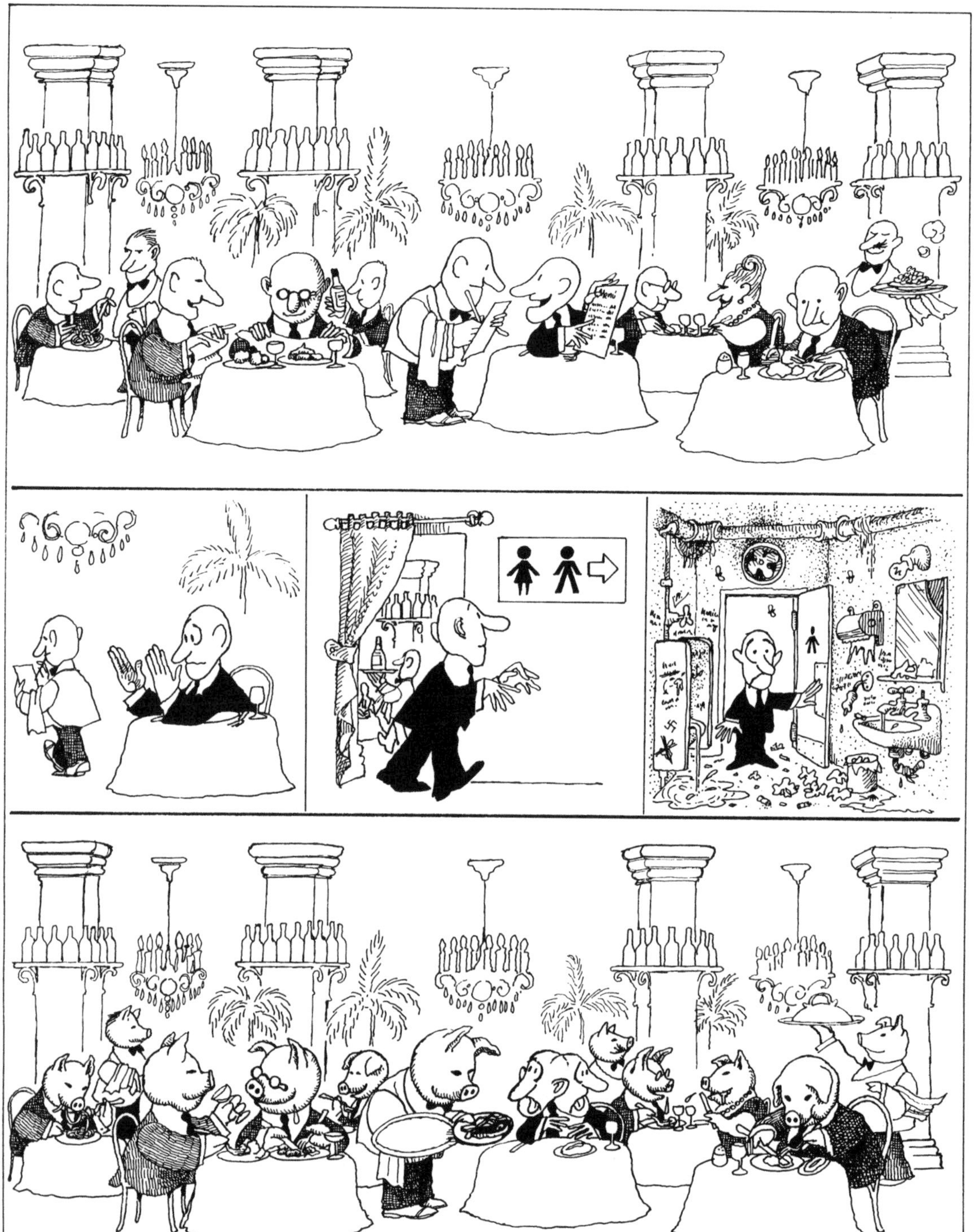

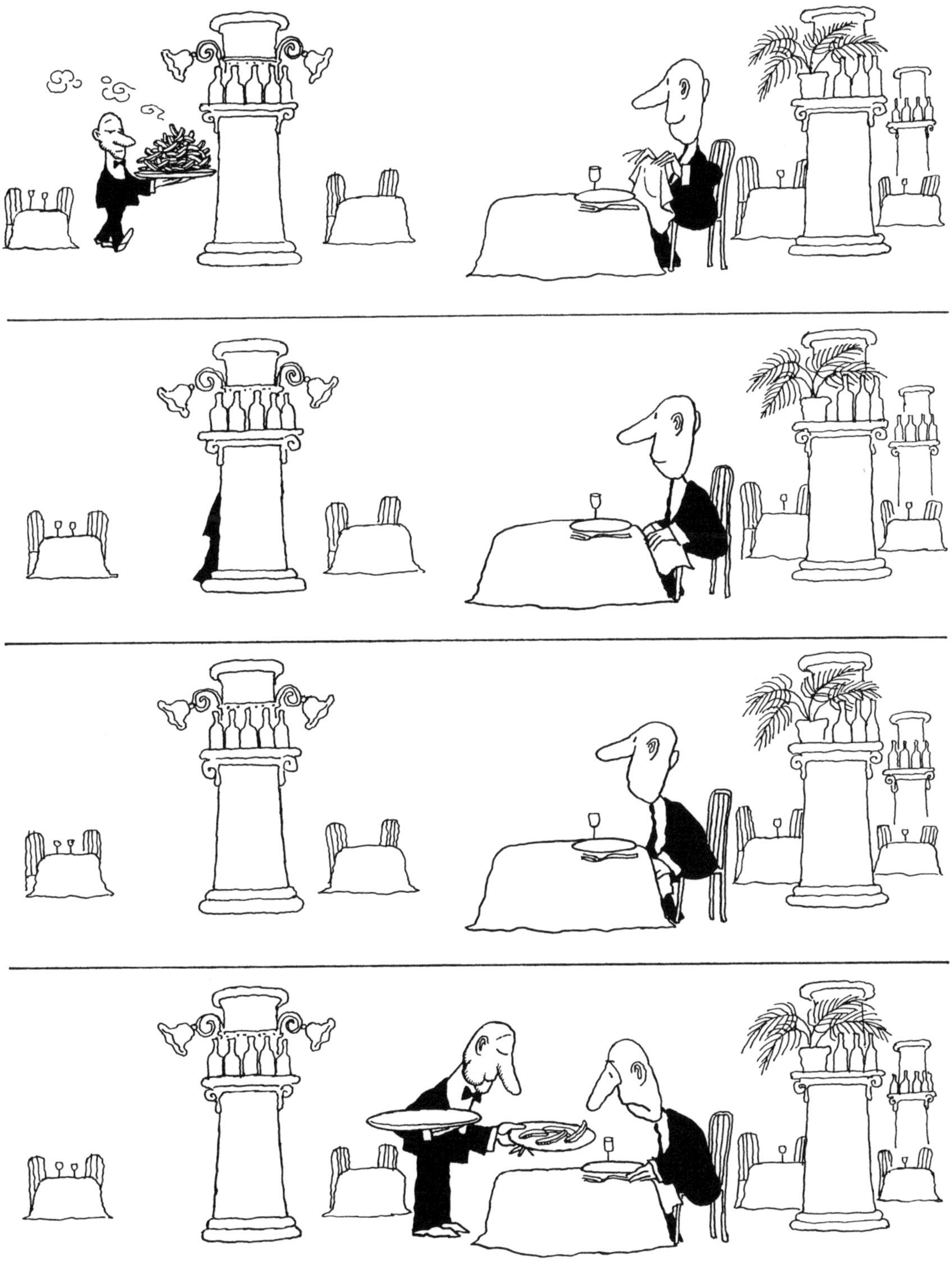

¿CON O SIN AJO?

Menú

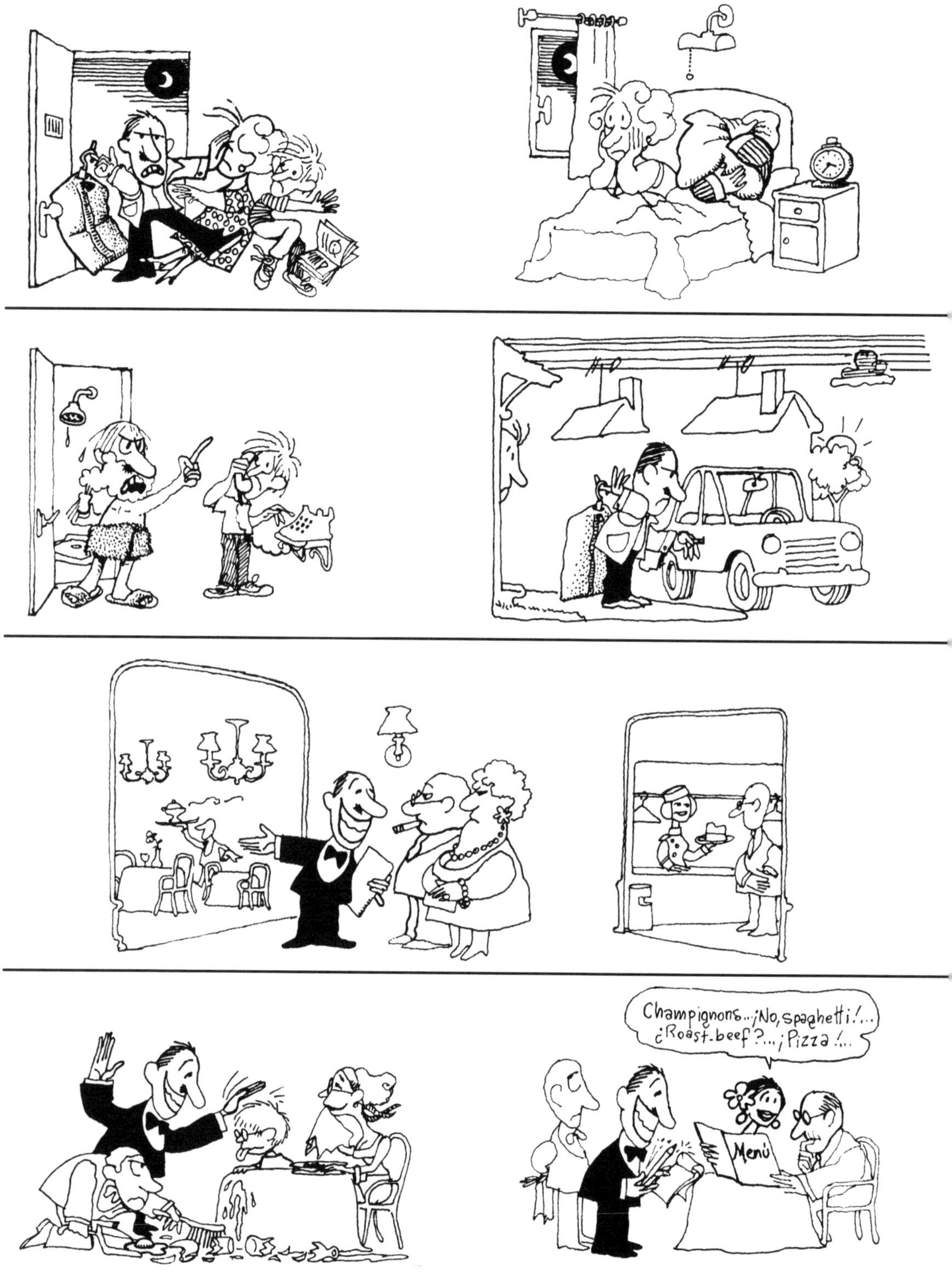
Champignons... ¡No, spaghetti!... ¿Roast-beef?... ¡Pizza!...
Menú

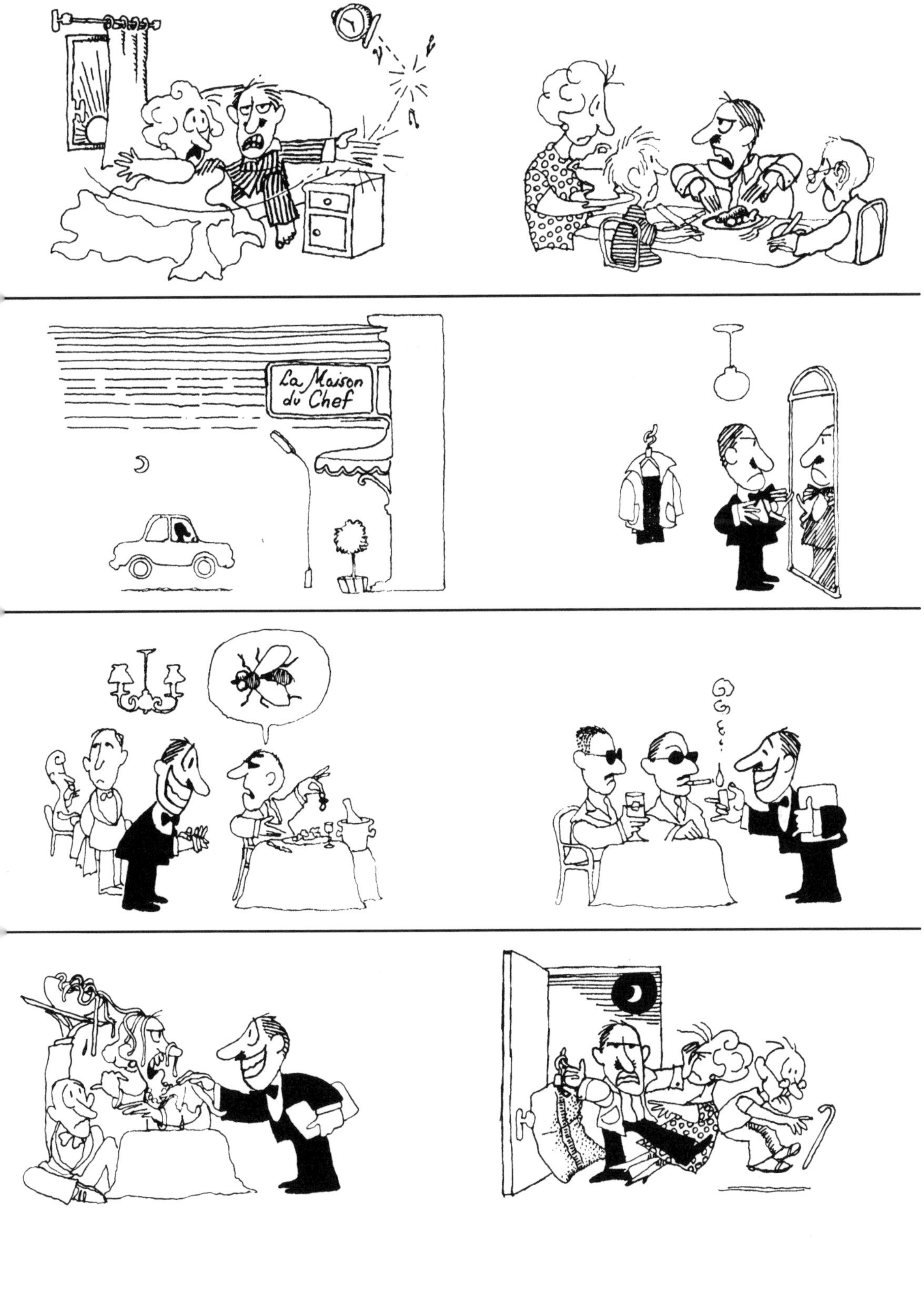
La Maison
du Chef

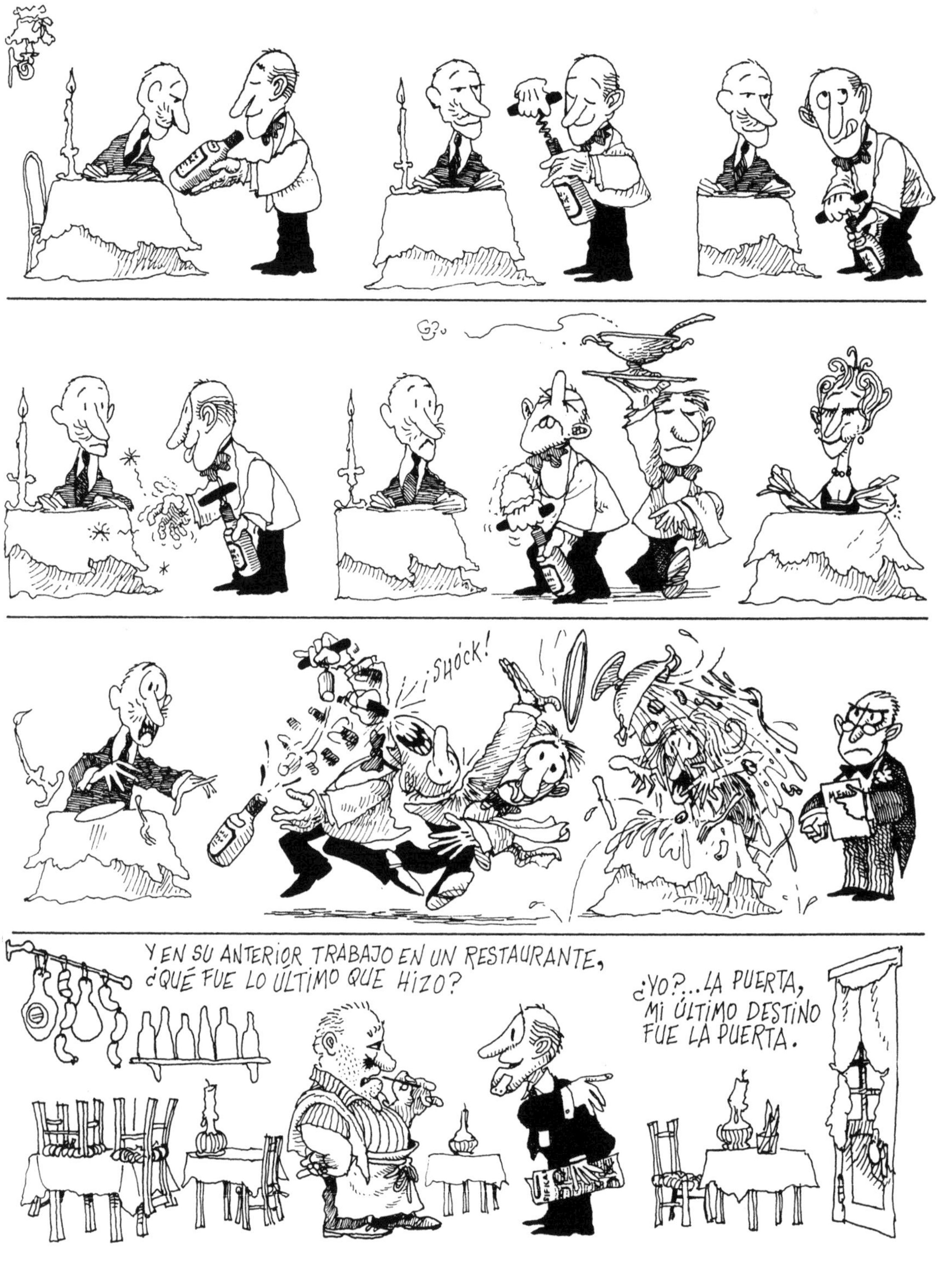

¡SHOCK!
Y EN SU ANTERIOR TRABAJO EN UN RESTAURANTE, ¿QUÉ FUE LO ÚLTIMO QUE HIZO?
¿YO?... LA PUERTA, MI ÚLTIMO DESTINO FUE LA PUERTA.

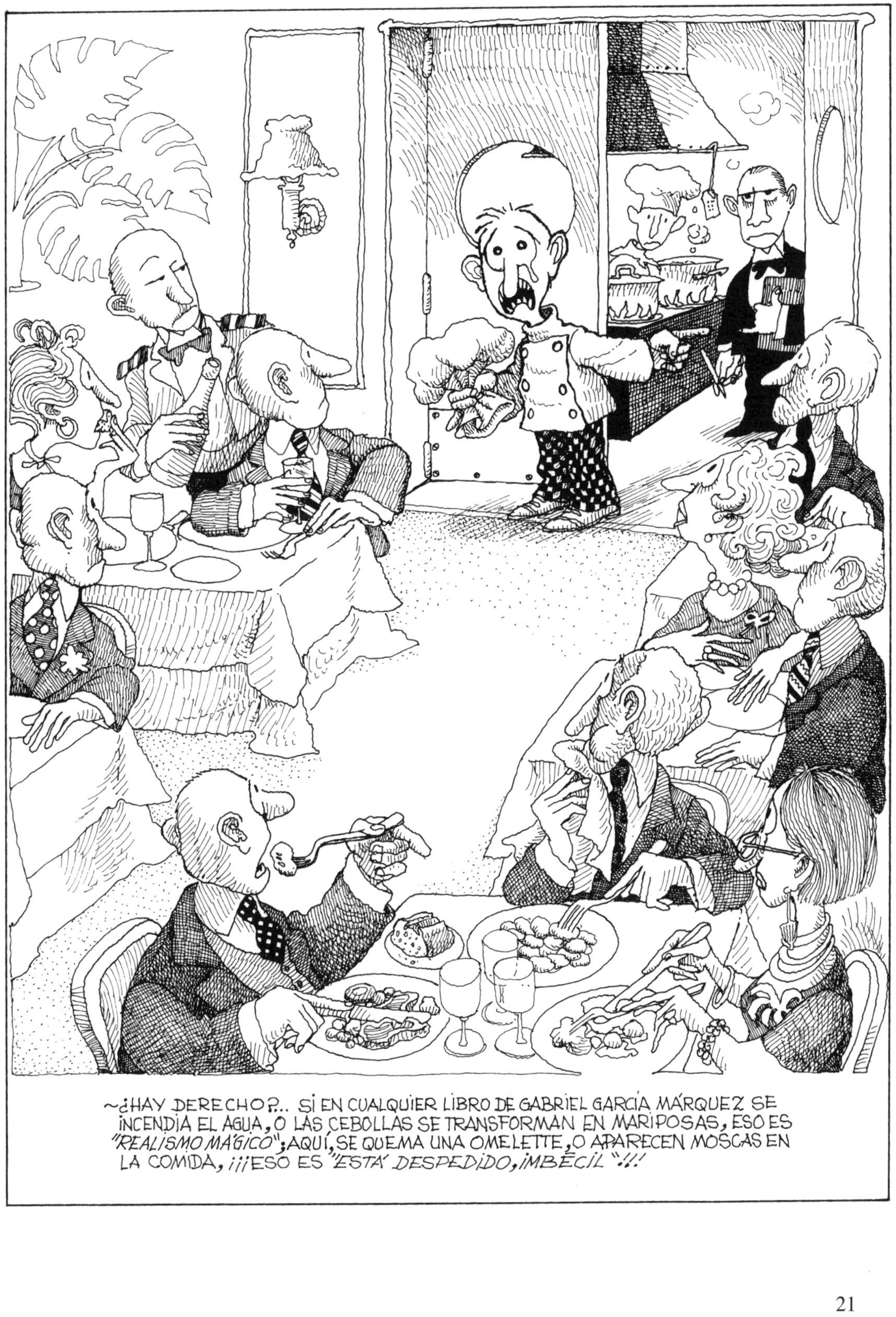

~¿HAY DERECHO?... SI EN CUALQUIER LIBRO DE GABRIEL GARCÍA MÁRQUEZ SE INCENDIA EL AGUA, O LAS CEBOLLAS SE TRANSFORMAN EN MARIPOSAS, ESO ES *"REALISMO MÁGICO"*; AQUÍ, SE QUEMA UNA OMELETTE, O APARECEN MOSCAS EN LA COMIDA, ¡¡¡ESO ES *"ESTÁ DESPEDIDO, IMBÉCIL"*!!!

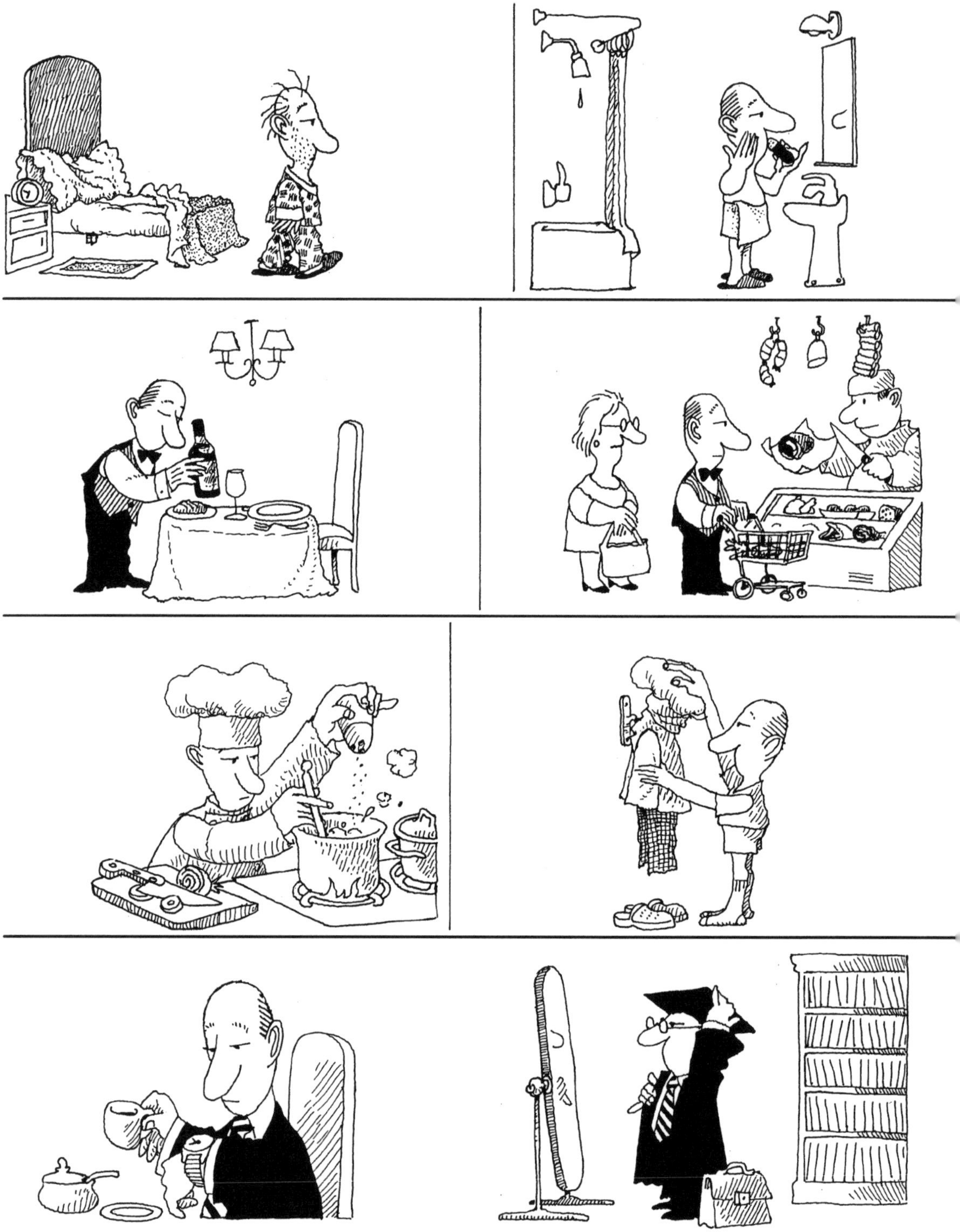

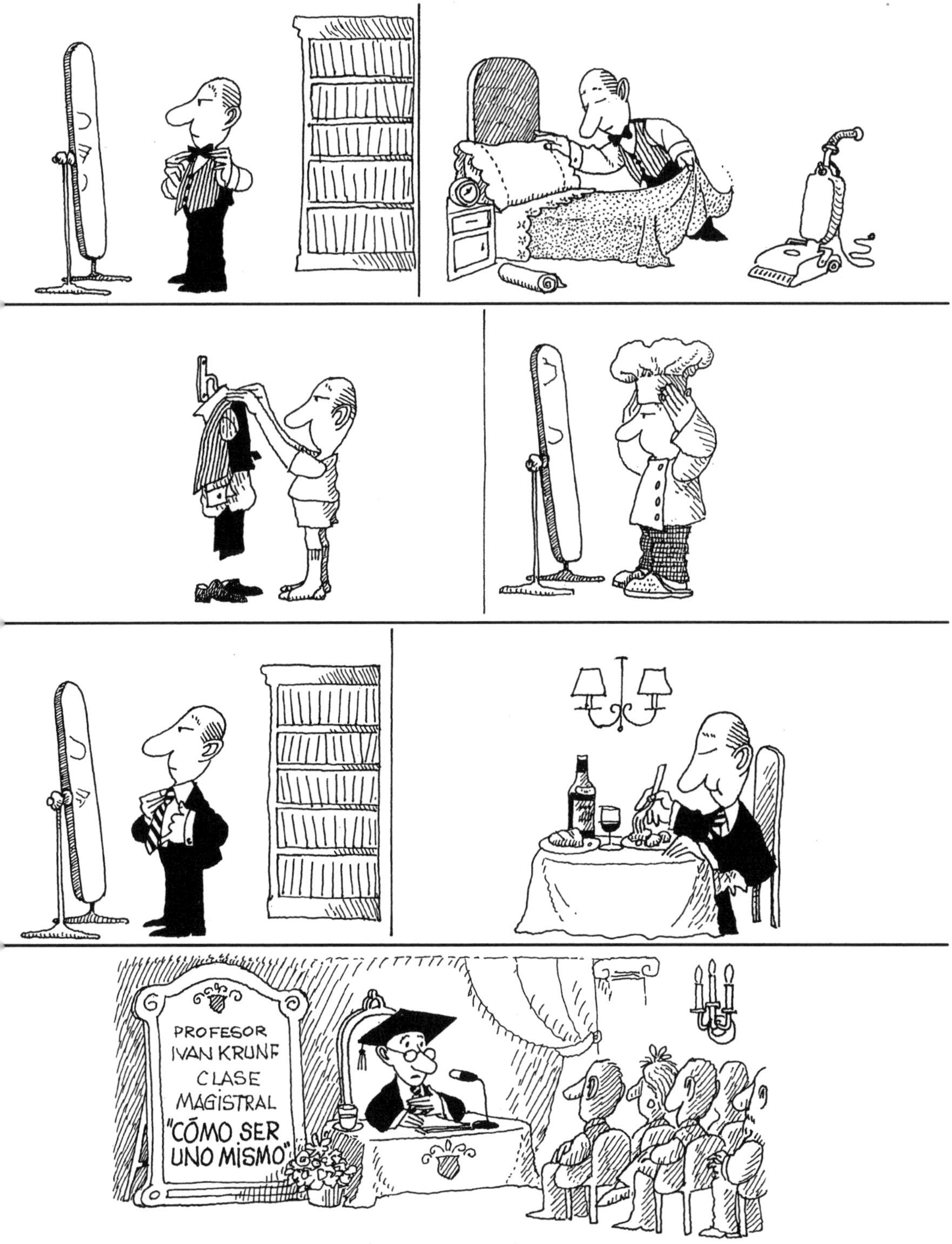
PROFESOR
IVAN KRUNF
CLASE
MAGISTRAL
"CÓMO SER
UNO MISMO"

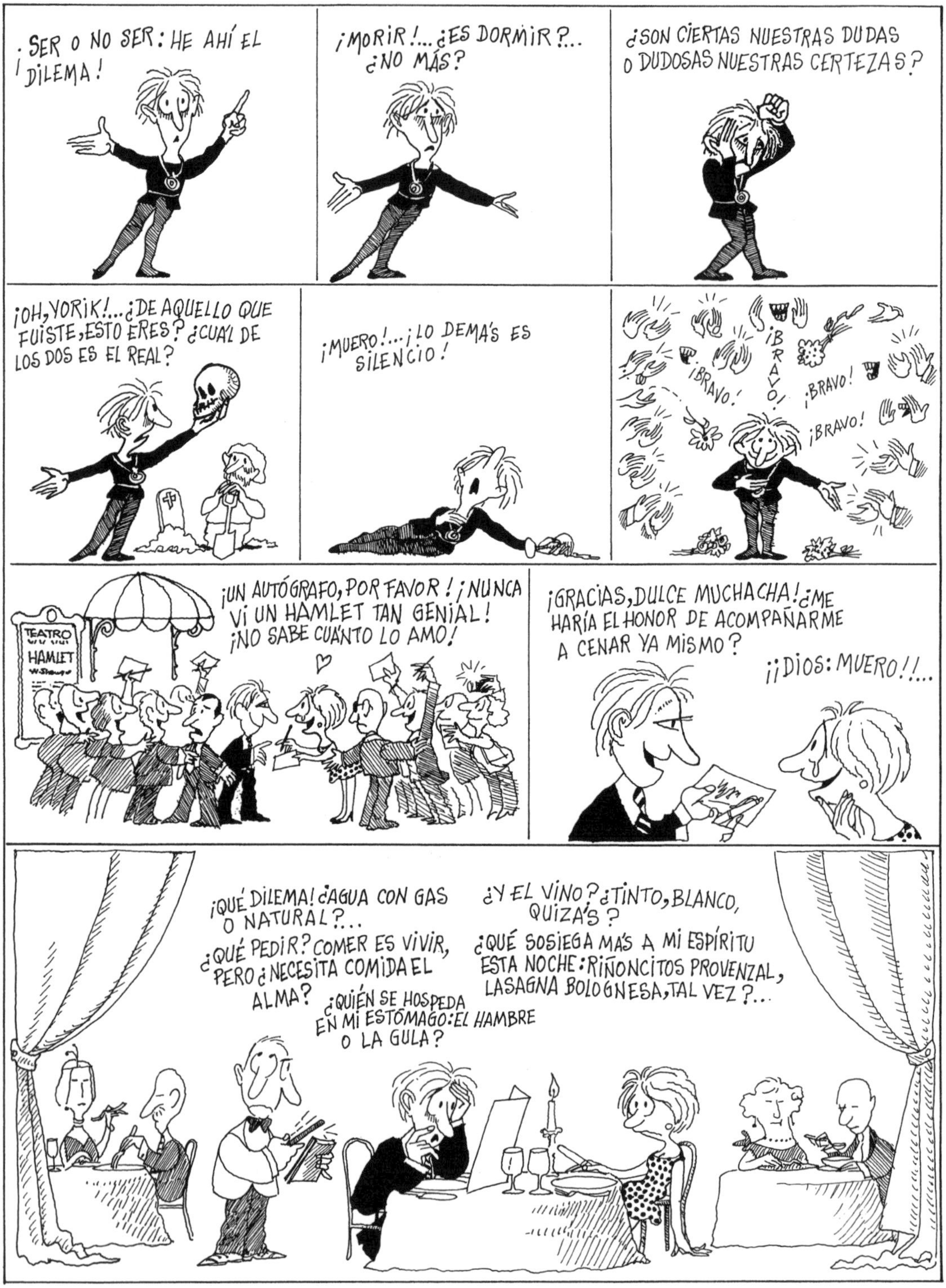
¡SER O NO SER: HE AHÍ EL DILEMA!
¡MORIR!... ¿ES DORMIR?... ¿NO MÁS?
¿SON CIERTAS NUESTRAS DUDAS O DUDOSAS NUESTRAS CERTEZAS?
¡OH, YORIK!... ¿DE AQUELLO QUE FUISTE, ESTO ERES? ¿CUÁL DE LOS DOS ES EL REAL?
¡MUERO!... ¡LO DEMÁS ES SILENCIO!
¡BRAVO!
¡BRAVO!
¡BRAVO!
¡BRAVO!
TEATRO
HAMLET
¡UN AUTÓGRAFO, POR FAVOR! ¡NUNCA VI UN HAMLET TAN GENIAL! ¡NO SABE CUÁNTO LO AMO!
¡GRACIAS, DULCE MUCHACHA! ¿ME HARÍA EL HONOR DE ACOMPAÑARME A CENAR YA MISMO?
¡¡DIOS: MUERO!!...
¡QUÉ DILEMA! ¿AGUA CON GAS O NATURAL?...
¿QUÉ PEDIR? COMER ES VIVIR, PERO ¿NECESITA COMIDA EL ALMA?
¿QUIÉN SE HOSPEDA EN MI ESTÓMAGO: EL HAMBRE O LA GULA?
¿Y EL VINO? ¿TINTO, BLANCO, QUIZÁS?
¿QUÉ SOSIEGA MÁS A MI ESPÍRITU ESTA NOCHE: RIÑONCITOS PROVENZAL, LASAGNA BOLOGNESA, TAL VEZ?...

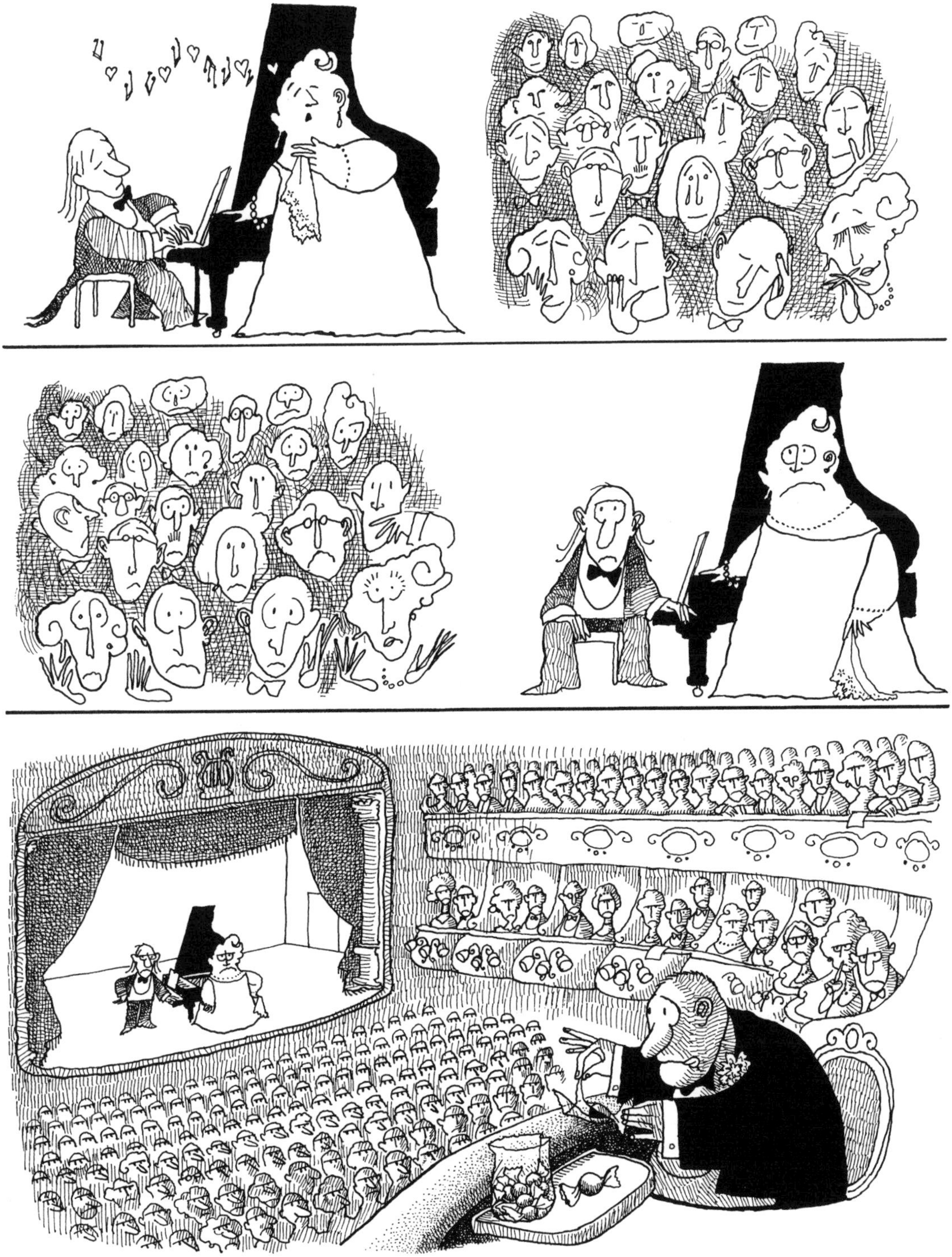

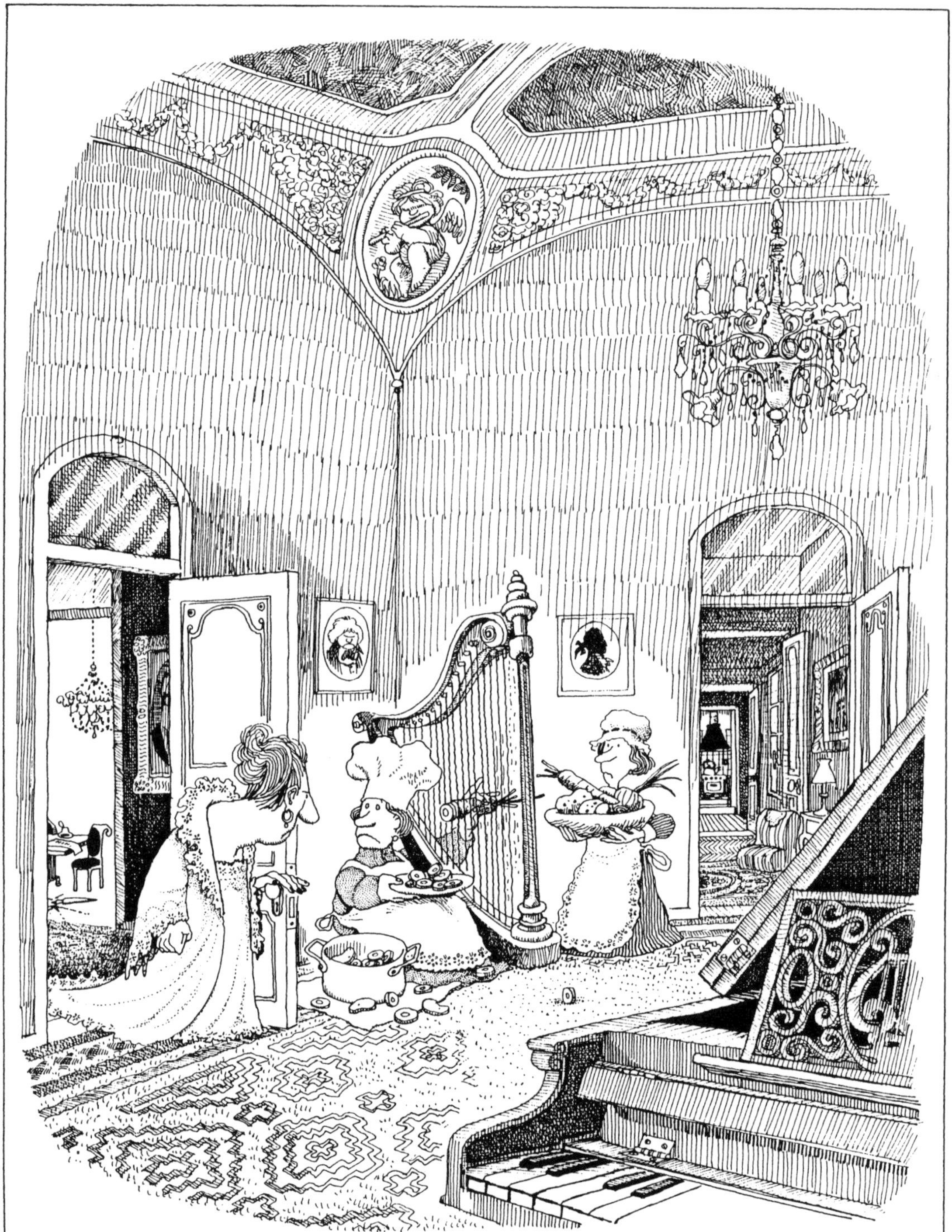

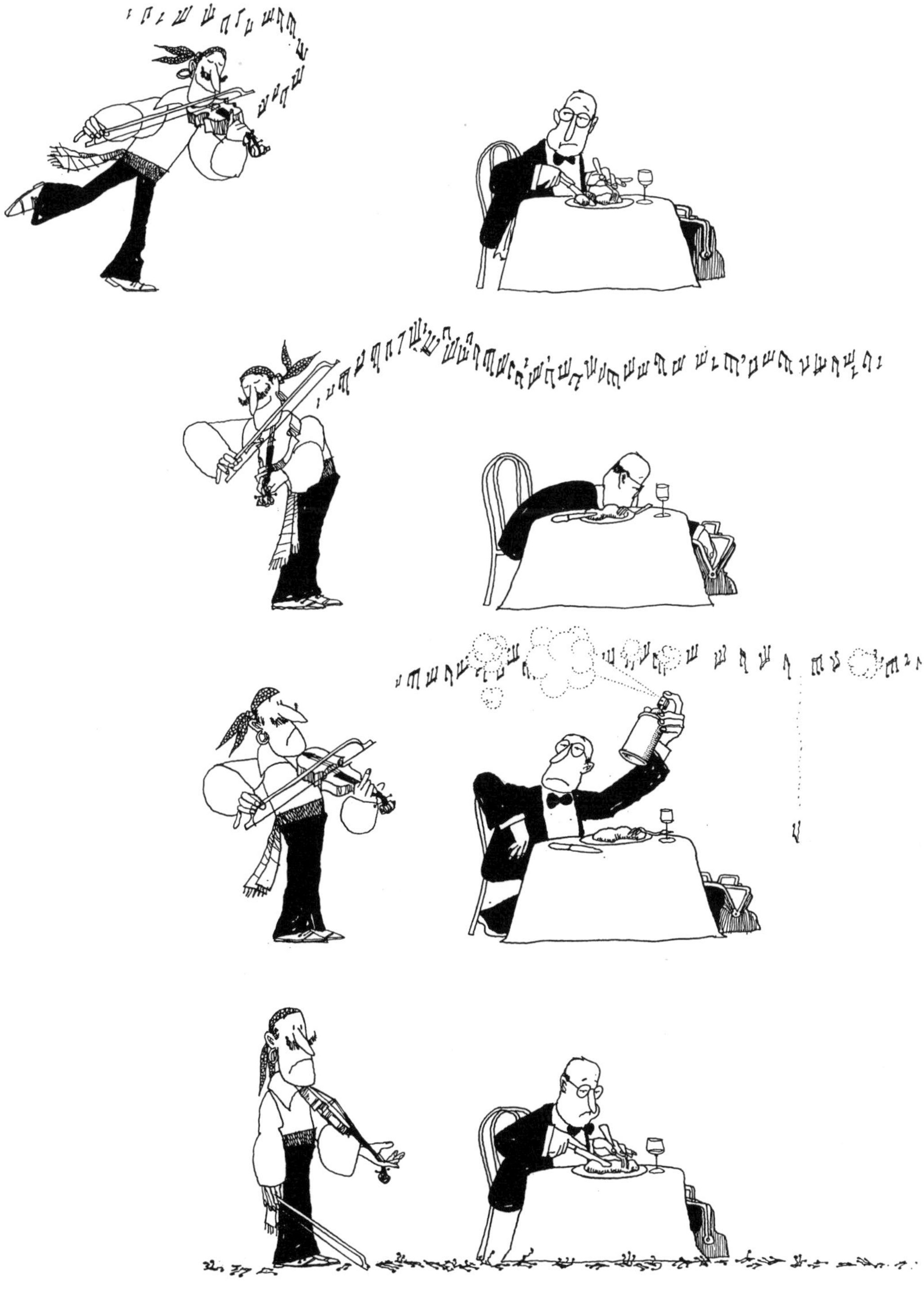

CAMARERO, MIENTRAS MARCHA
MI LOMITO ALMENDRADO
AL MARSALA, ¿ME TRAE
MÁS PAN, POR FAVOR?

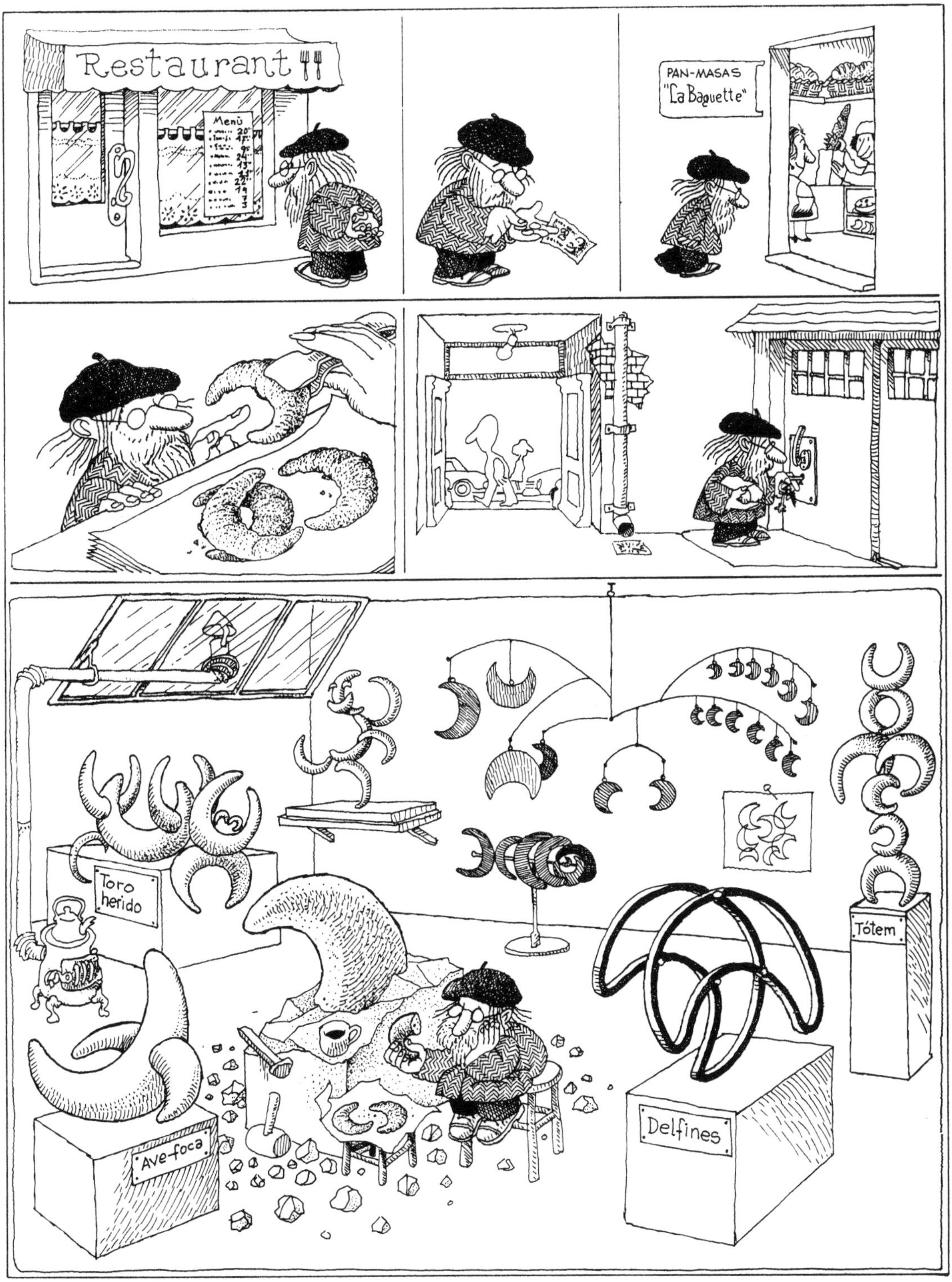
Restaurant
Menù
PAN-MASAS
"La Baguette"
Toro
herido
Tótem
Ave-foca
Delfines

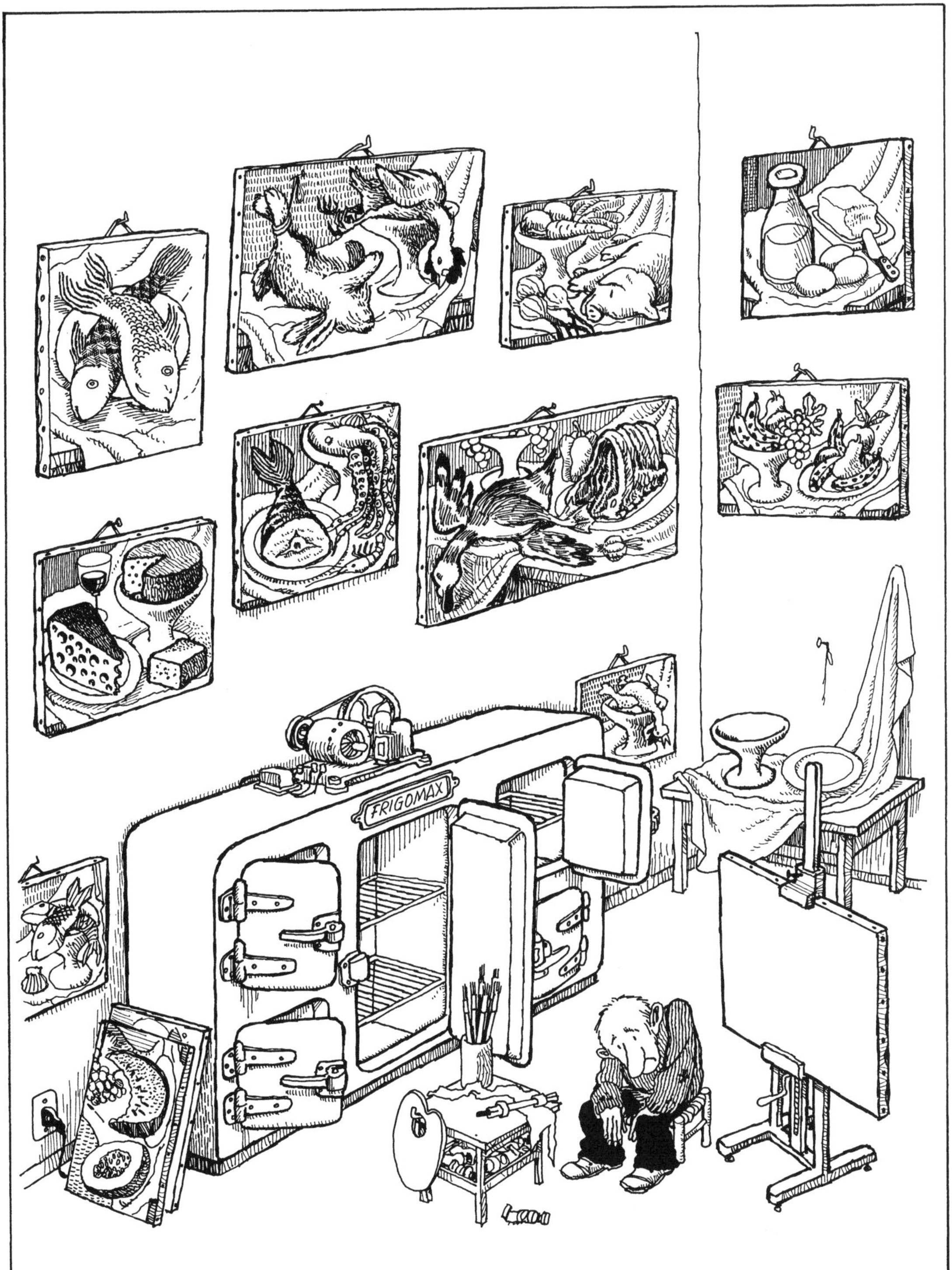
FRIGOMAX

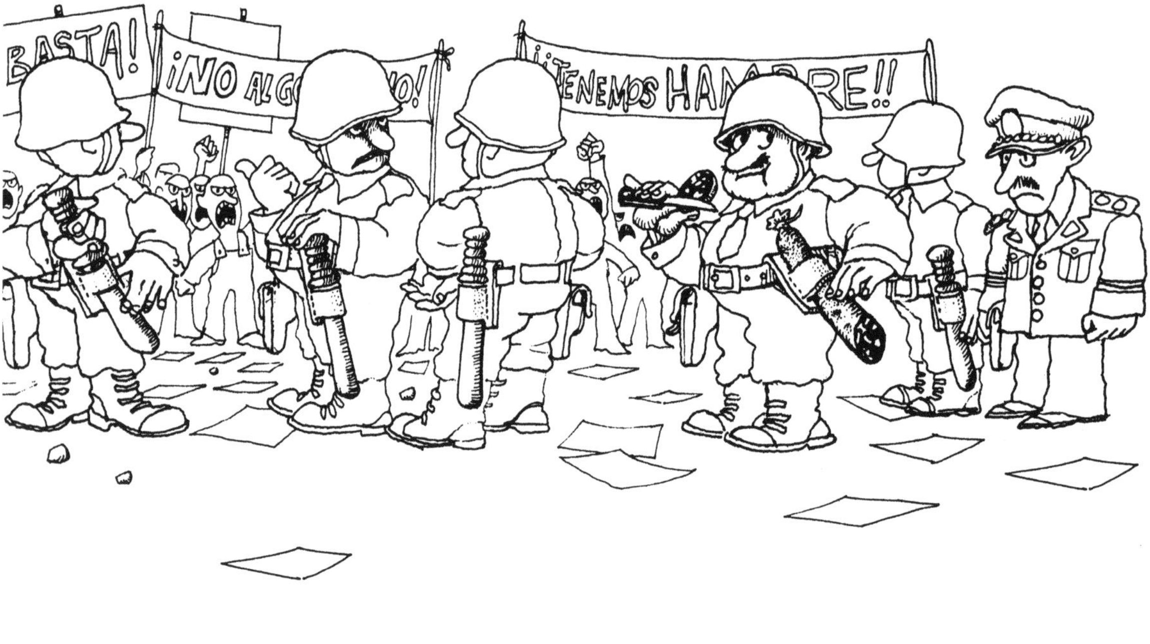
BASTA!
¡NO AL GO
O!
¡¡TENEMOS HAM
RE!!

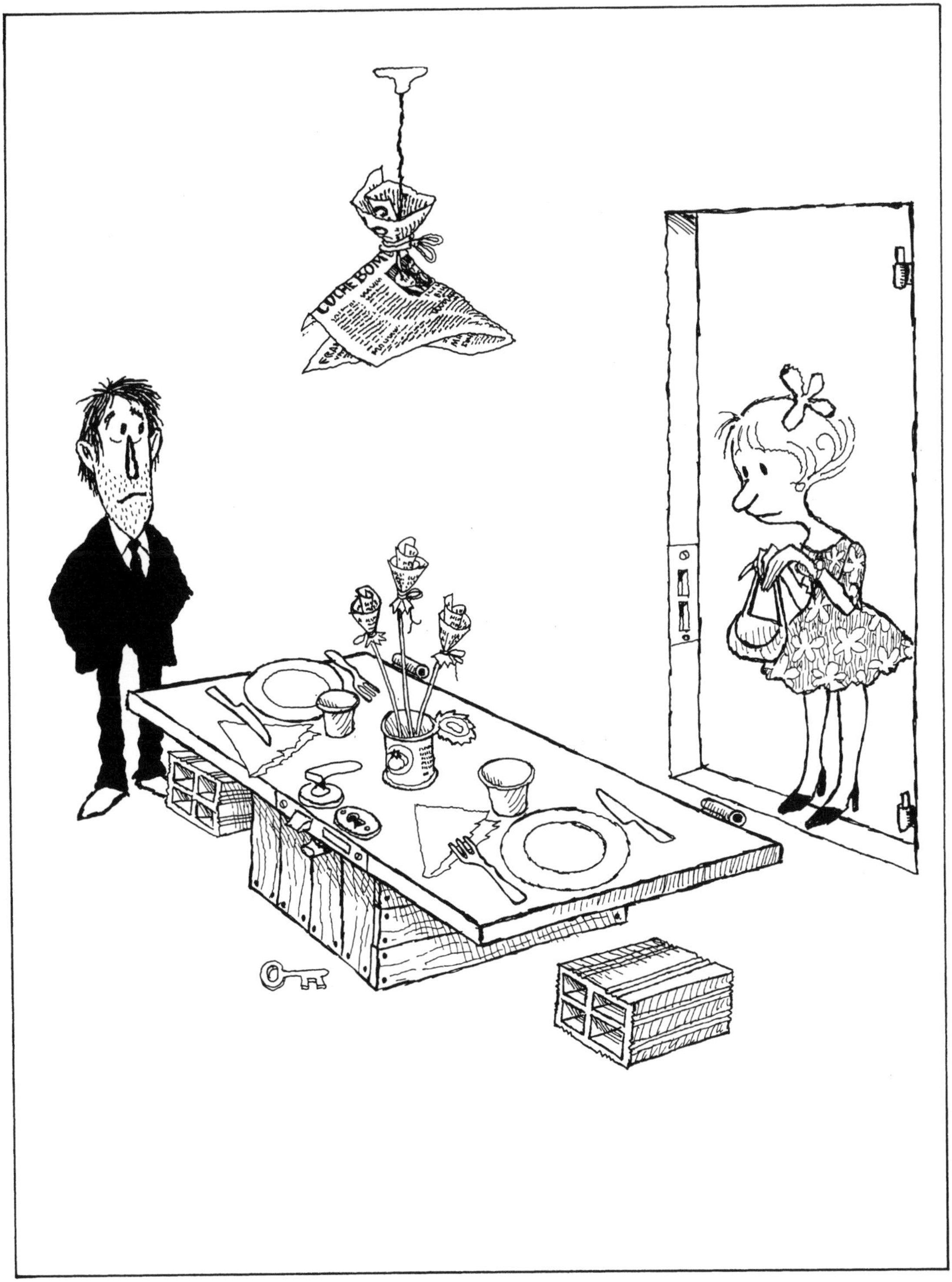

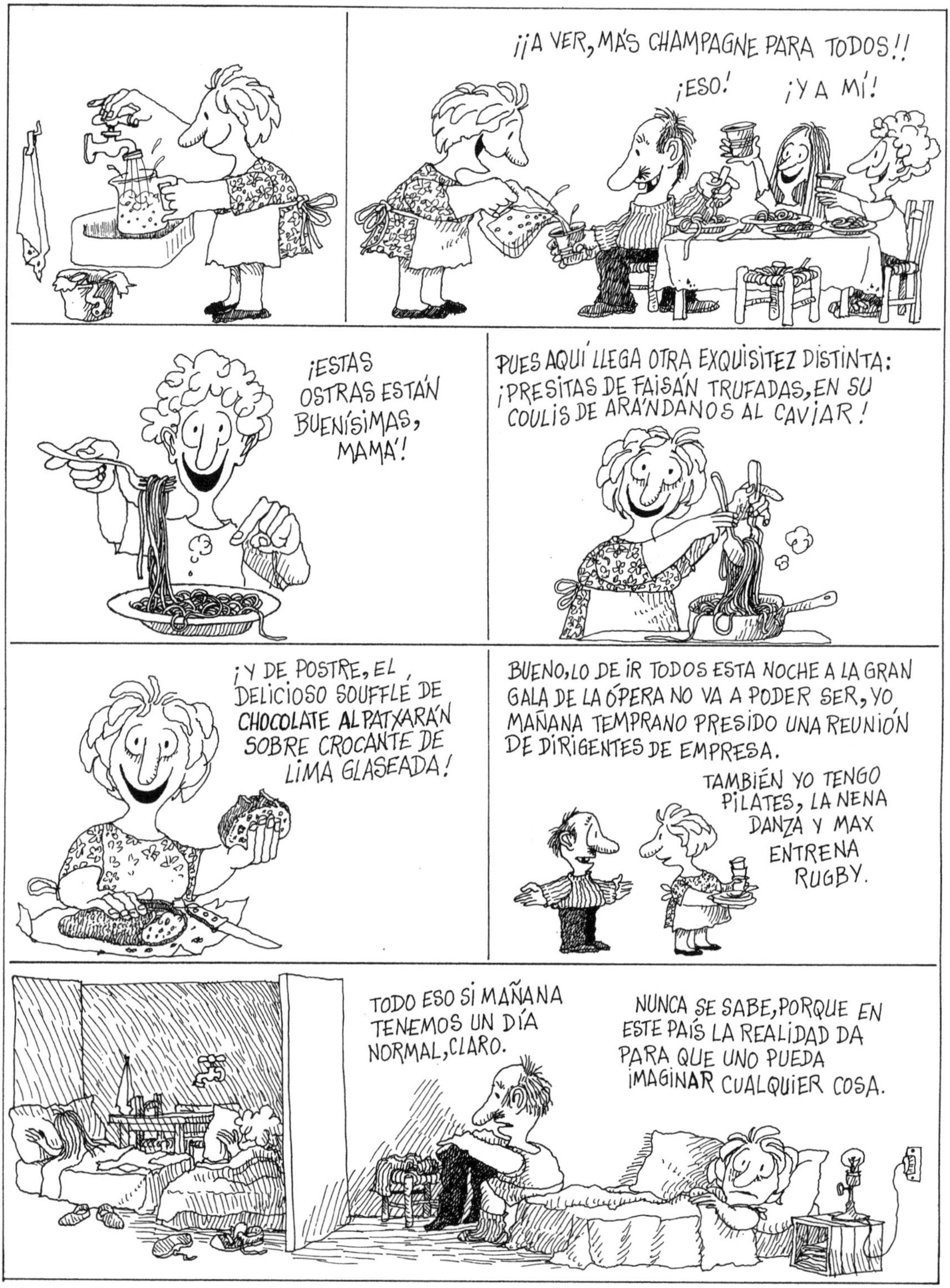
¡¡A VER, MÁS CHAMPAGNE PARA TODOS!!
¡ESO!
¡Y A MÍ!
¡ESTAS OSTRAS ESTÁN BUENÍSIMAS, MAMÁ!
PUES AQUÍ LLEGA OTRA EXQUISITEZ DISTINTA: ¡PRESITAS DE FAISÁN TRUFADAS, EN SU COULIS DE ARÁNDANOS AL CAVIAR!
¡Y DE POSTRE, EL DELICIOSO SOUFFLÉ DE CHOCOLATE AL PATXARÁN SOBRE CROCANTE DE LIMA GLASEADA!
BUENO, LO DE IR TODOS ESTA NOCHE A LA GRAN GALA DE LA ÓPERA NO VA A PODER SER, YO MAÑANA TEMPRANO PRESIDO UNA REUNIÓN DE DIRIGENTES DE EMPRESA.
TAMBIÉN YO TENGO PILATES, LA NENA DANZA Y MAX ENTRENA RUGBY.
TODO ESO SI MAÑANA TENEMOS UN DÍA NORMAL, CLARO.
NUNCA SE SABE, PORQUE EN ESTE PAÍS LA REALIDAD DA PARA QUE UNO PUEDA IMAGINAR CUALQUIER COSA.

~ES MUY DESCORAZONANTE TRATAR DE AYUDARLOS A SALIR DEL HAMBRE: LES DECIMOS QUE DEBEN APRENDER EL **KNOW-HOW** DE UN BUEN **CATERING** Y NOS MIRAN COMO SI LES HABLÁRAMOS EN CHINO.

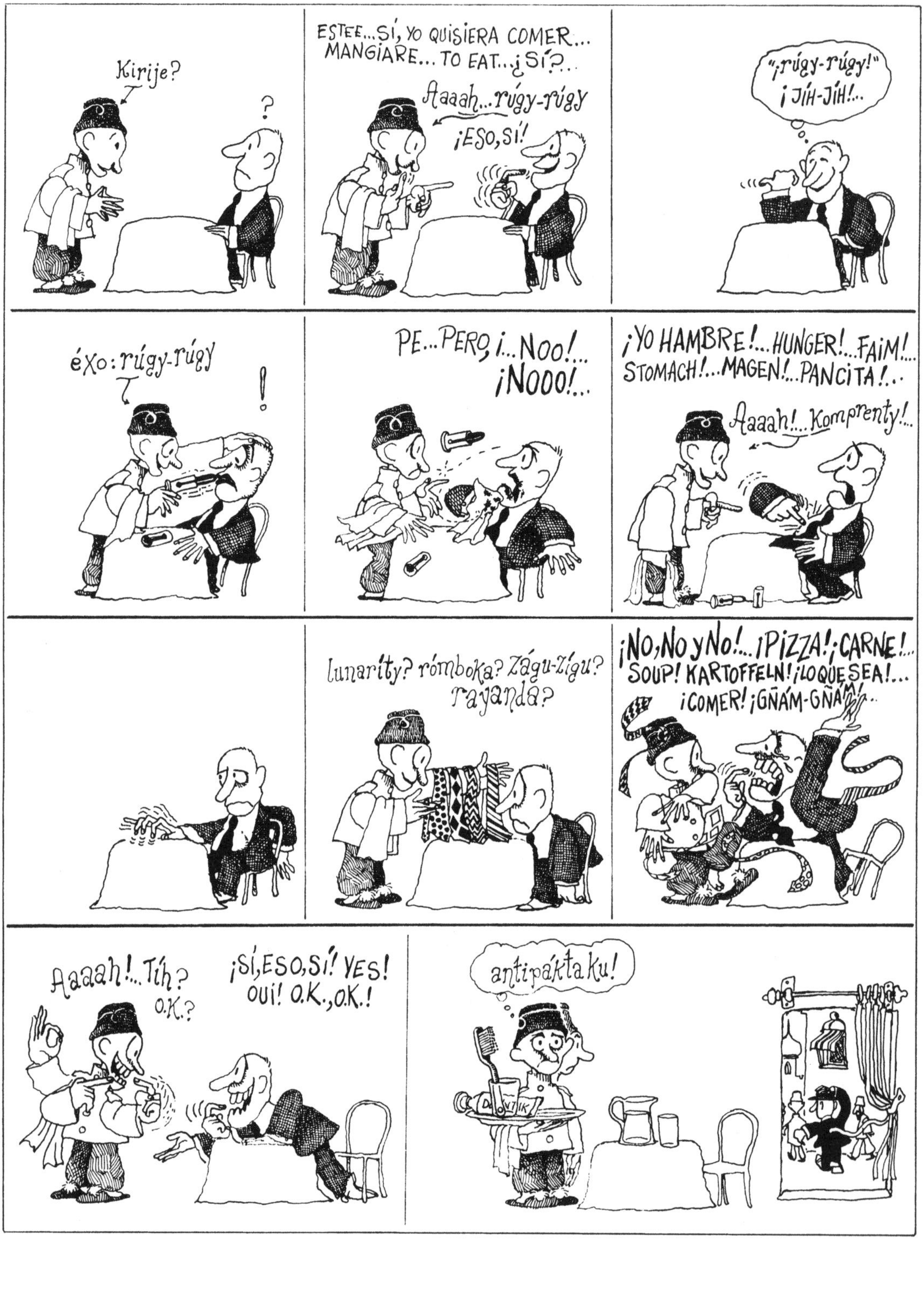
Kirije?
?
ESTEE...SÍ, YO QUISIERA COMER...
MANGIARE... TO EAT...¿SÍ?...
Aaaah...rúgy-rúgy
¡ESO, SÍ!
"¡rúgy-rúgy!"
¡JÍH-JÍH!...
éxo: rúgy-rúgy
!
PE...PERO, ¡...NOO!...
¡NOOO!...
¡YO HAMBRE!...HUNGER!...FAIM!...
STOMACH!...MAGEN!...PANCITA!...
Aaaah!...Komprenty!...
lunarity? rómboka? zágu-zígu?
rayanda?
¡NO, NO y NO!...¡PIZZA!¡CARNE!...
SOUP! KARTOFFELN! ¡LO QUE SEA!...
¡COMER! ¡GÑÁM-GÑÁM!...
Aaaah!...Tíh?
O.K.?
¡SÍ, ESO, SÍ! YES!
OUI! O.K., O.K.!
antipáktaku!

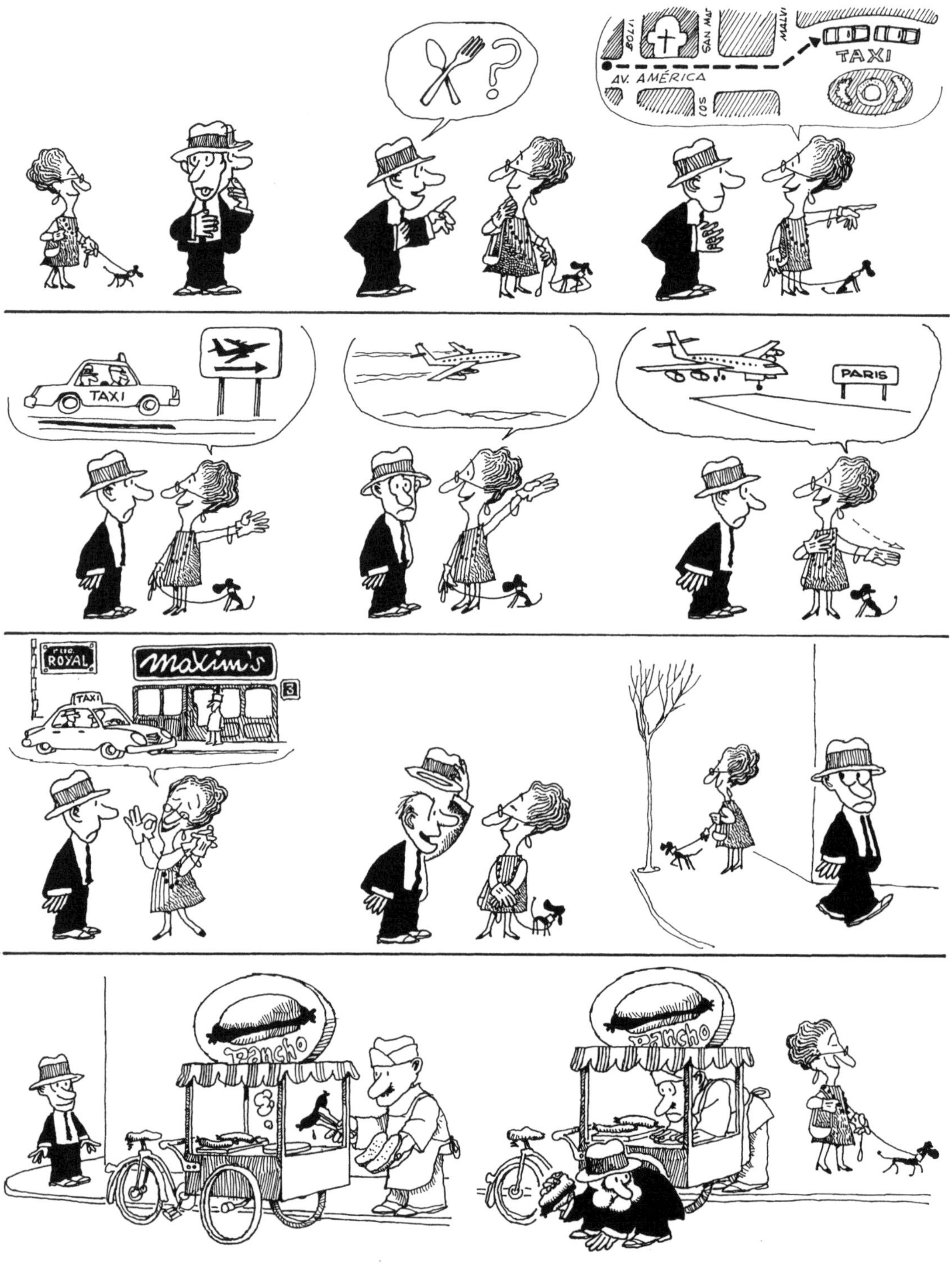
BOLI
SAN MA
MALVI
AV. AMÉRICA
TAXI
TAXI
PARIS
rue ROYAL
Maxim's
TAXI
3
Pancho
Pancho

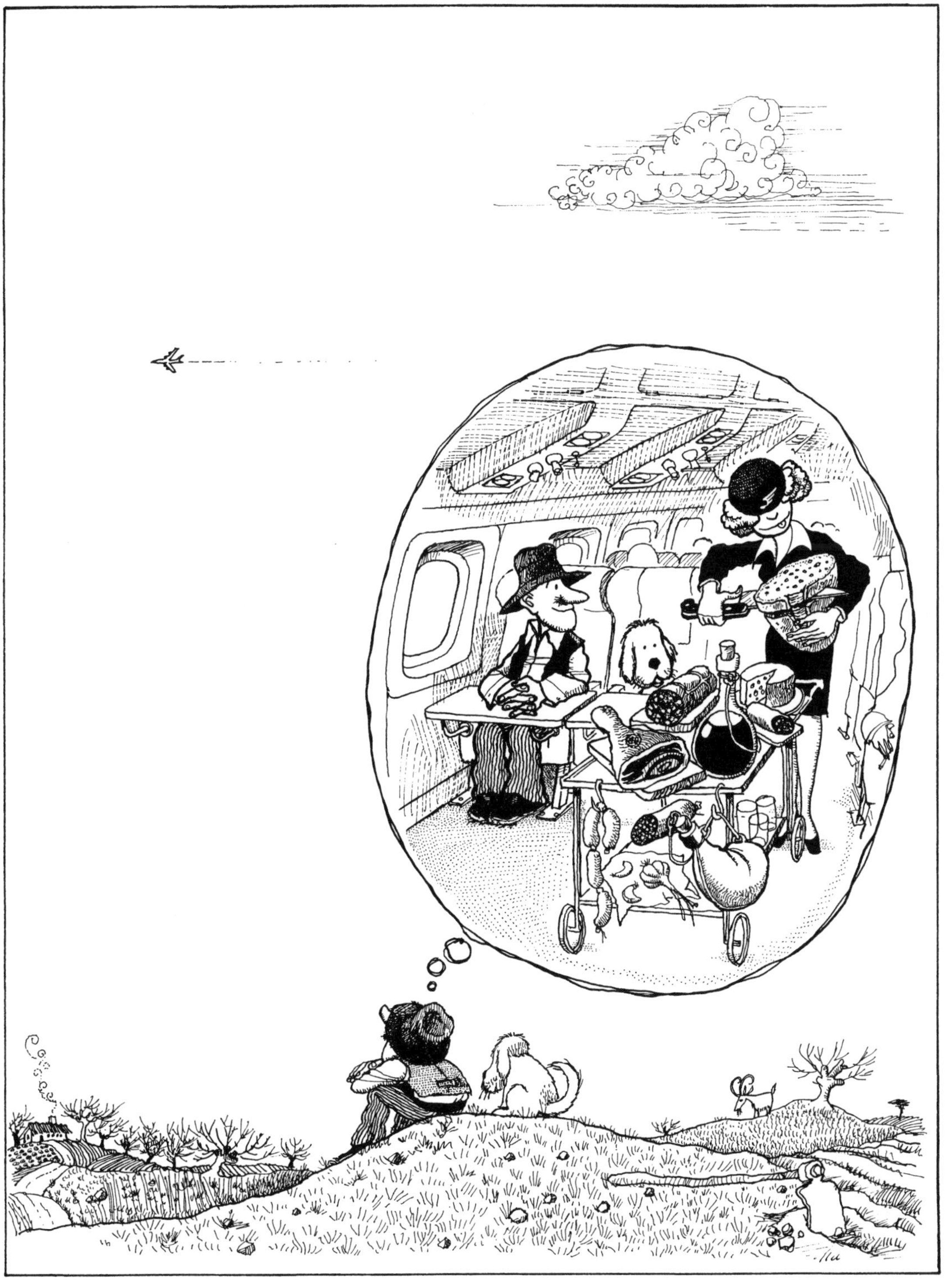

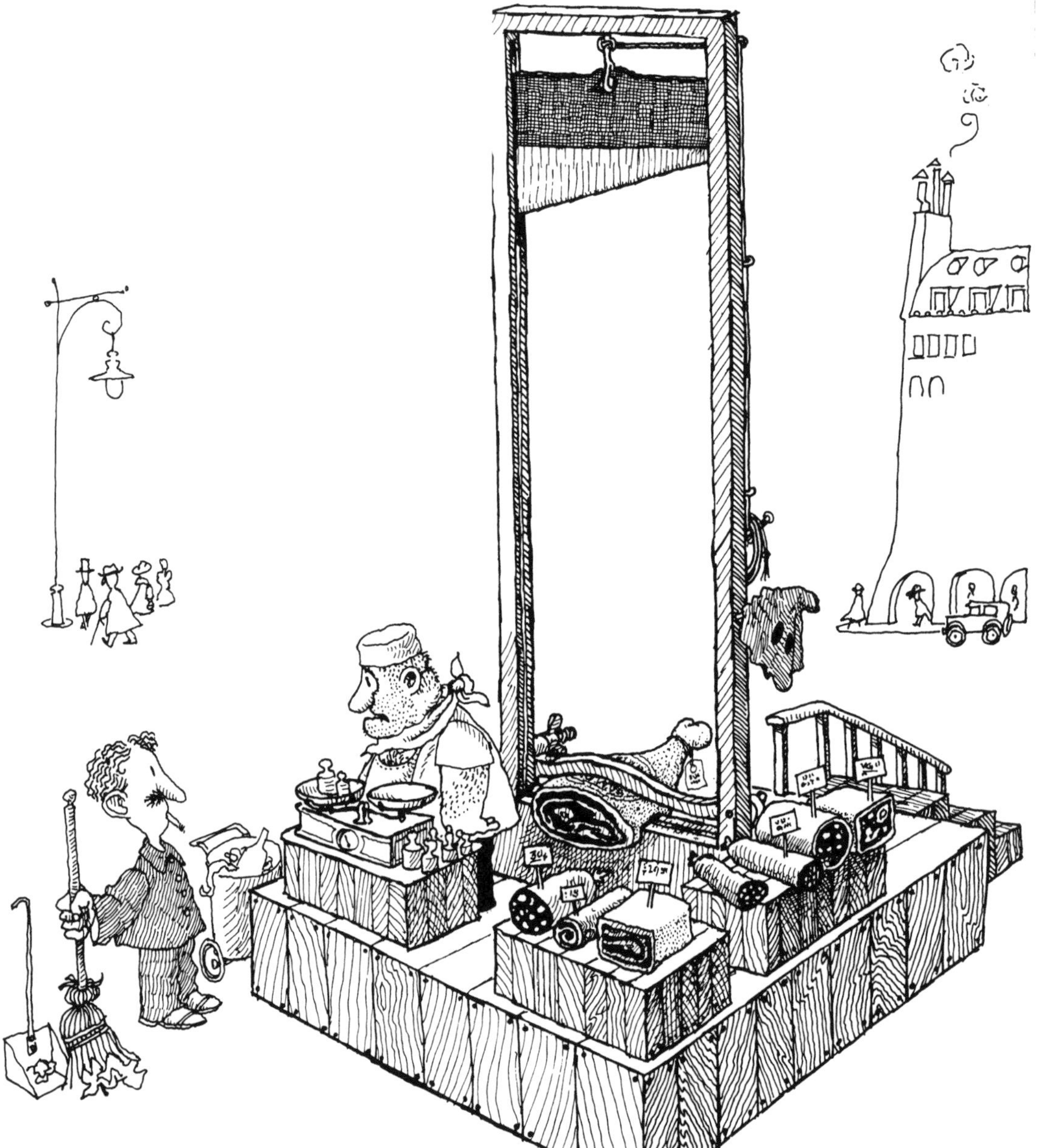

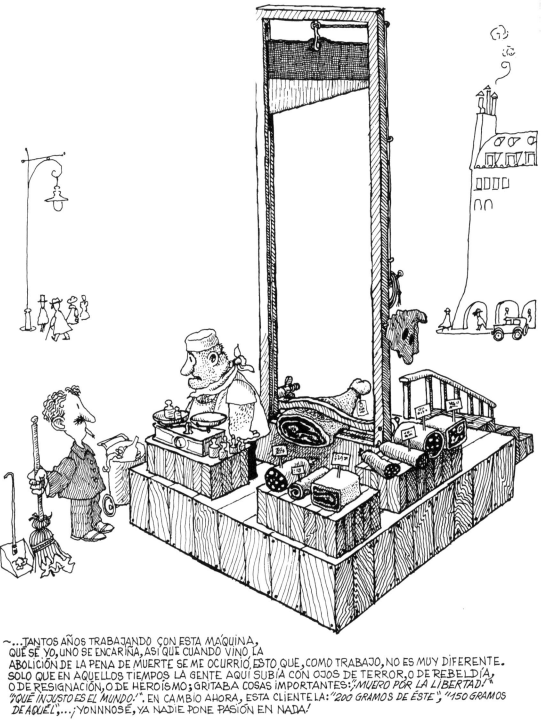

~...TANTOS AÑOS TRABAJANDO CON ESTA MÁQUINA,
QUÉ SÉ YO, UNO SE ENCARIÑA, ASÍ QUE CUANDO VINO LA
ABOLICIÓN DE LA PENA DE MUERTE SE ME OCURRIÓ ESTO QUE, COMO TRABAJO, NO ES MUY DIFERENTE.
SOLO QUE EN AQUELLOS TIEMPOS LA GENTE AQUÍ SUBÍA CON OJOS DE TERROR, O DE REBELDÍA,
O DE RESIGNACIÓN, O DE HEROÍSMO; GRITABA COSAS IMPORTANTES: *"¡MUERO POR LA LIBERTAD!"*
"¡QUÉ INJUSTO ES EL MUNDO!". EN CAMBIO AHORA, ESTA CLIENTELA: *"200 GRAMOS DE ÉSTE"*, *"150 GRAMOS
DE AQUÉL"*,... ¡YONNNOSÉ, YA NADIE PONE PASIÓN EN NADA!

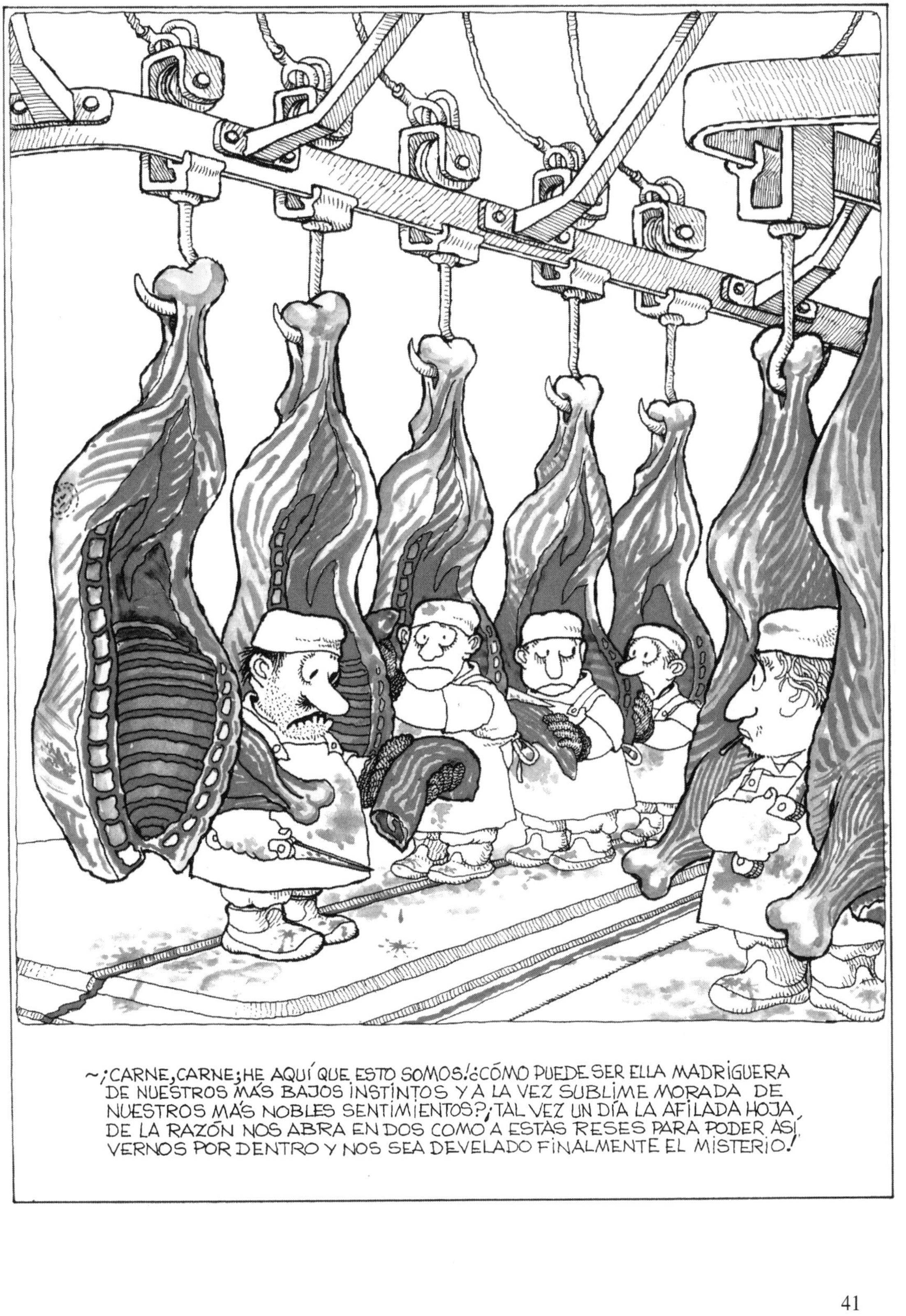

~¡CARNE, CARNE; HE AQUÍ QUE ESTO SOMOS! ¿CÓMO PUEDE SER ELLA MADRIGUERA DE NUESTROS MÁS BAJOS INSTINTOS Y A LA VEZ SUBLIME MORADA DE NUESTROS MÁS NOBLES SENTIMIENTOS? ¡TAL VEZ UN DÍA LA AFILADA HOJA DE LA RAZÓN NOS ABRA EN DOS COMO A ESTAS RESES PARA PODER ASÍ VERNOS POR DENTRO Y NOS SEA DEVELADO FINALMENTE EL MISTERIO!

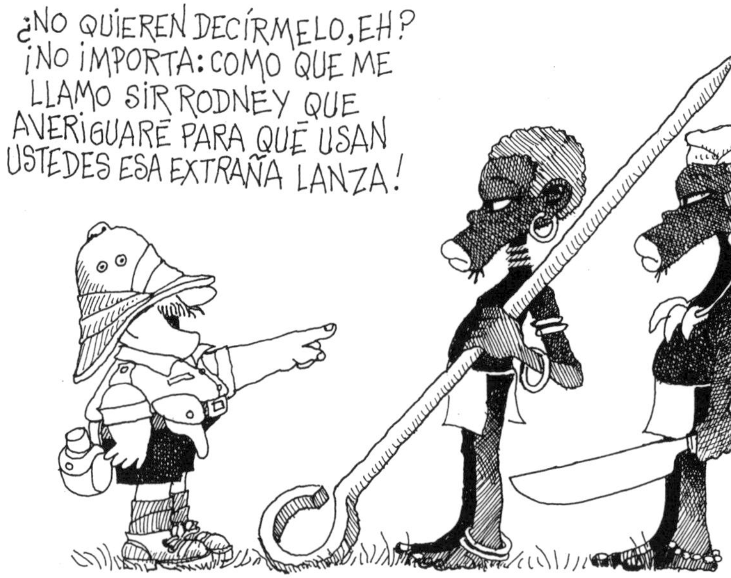
¿NO QUIEREN DECÍRMELO, EH? ¡NO IMPORTA: COMO QUE ME LLAMO SIR RODNEY QUE AVERIGUARÉ PARA QUÉ USAN USTEDES ESA EXTRAÑA LANZA!

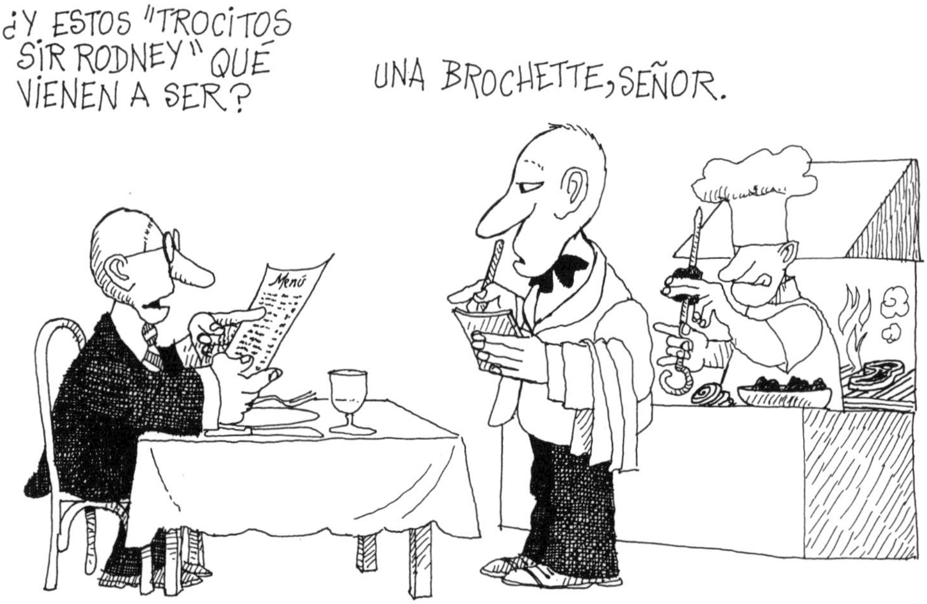
¿Y ESTOS "TROCITOS SIR RODNEY" QUÉ VIENEN A SER?
UNA BROCHETTE, SEÑOR.
Menú

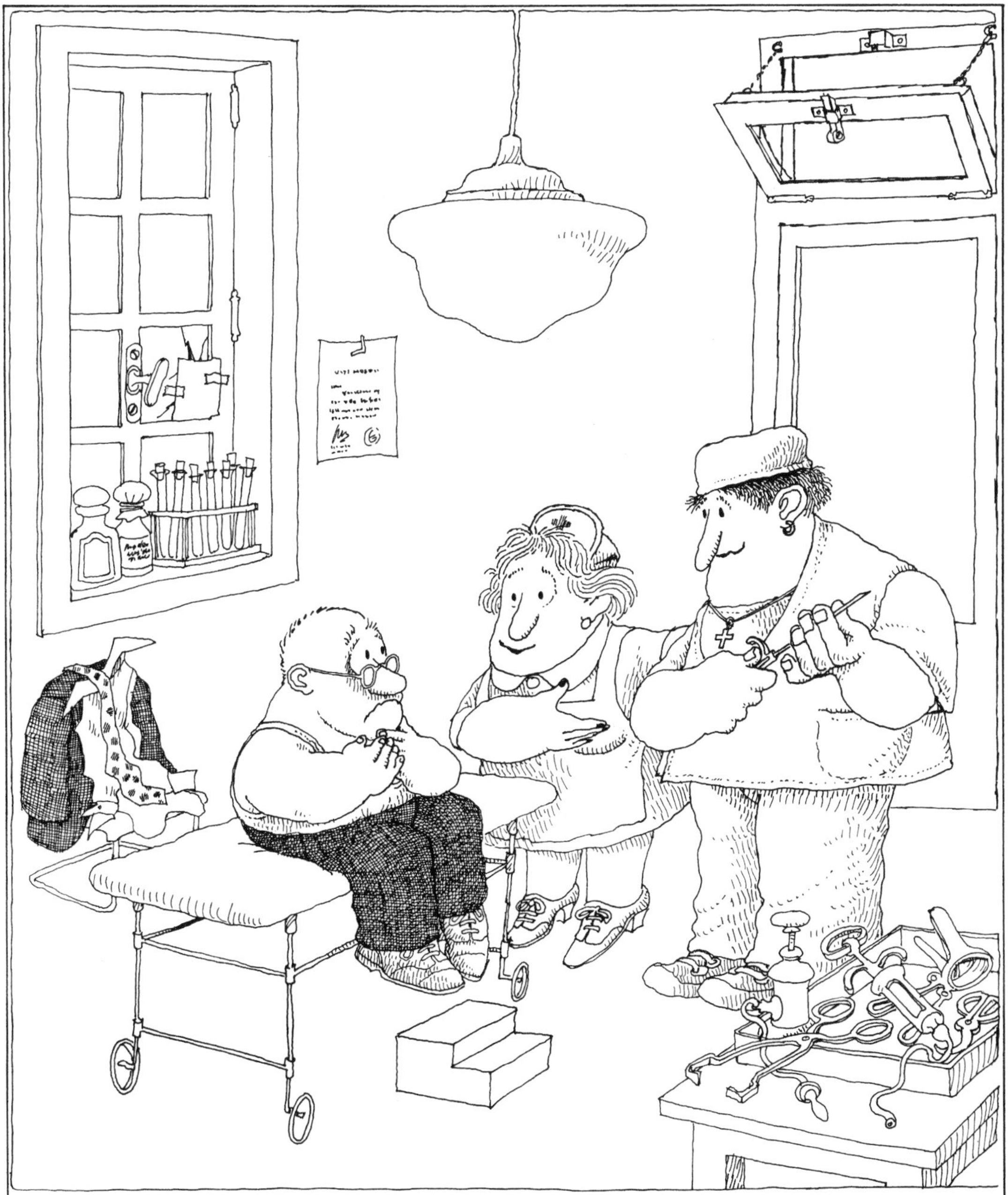

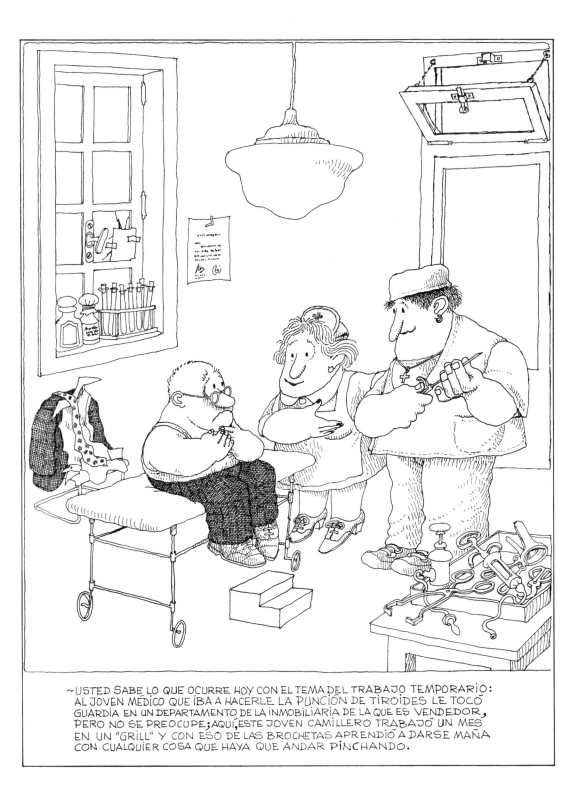

~USTED SABE LO QUE OCURRE HOY CON EL TEMA DEL TRABAJO TEMPORARIO: AL JOVEN MÉDICO QUE IBA A HACERLE LA PUNCIÓN DE TIROIDES LE TOCÓ GUARDIA EN UN DEPARTAMENTO DE LA INMOBILIARIA DE LA QUE ES VENDEDOR, PERO NO SE PREOCUPE; AQUÍ, ESTE JOVEN CAMILLERO TRABAJÓ UN MES EN UN "GRILL" Y CON ESO DE LAS BROCHETAS APRENDIÓ A DARSE MAÑA CON CUALQUIER COSA QUE HAYA QUE ANDAR PINCHANDO.

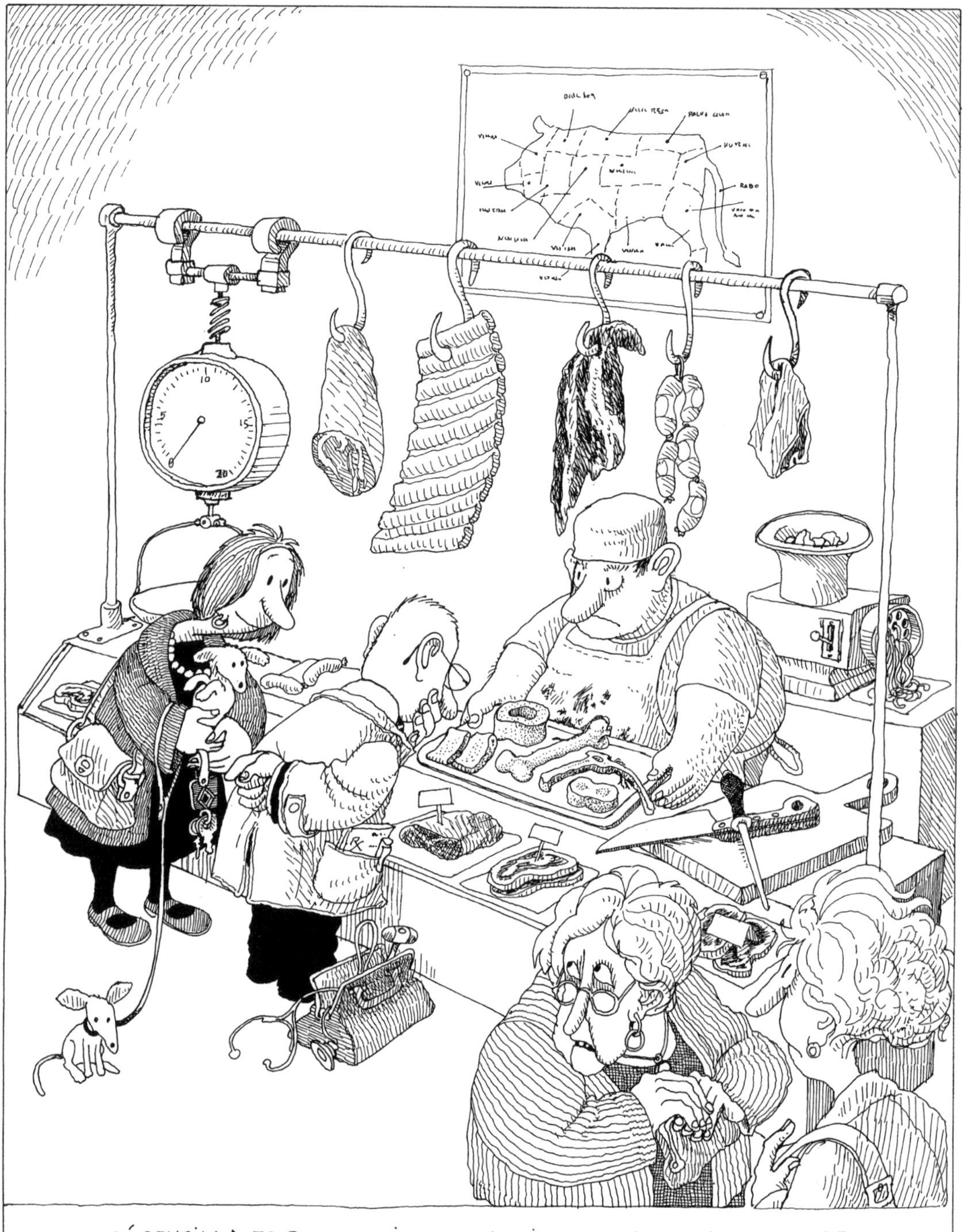

—SÍ, SENCILLA ES, PORQUE VIENE ELLA MISMA A HACER LAS COMPRAS, SOLO QUE TRAER A SU OSTEÓPATA PARA QUE DIGA CUÁL ES EL MEJOR HUESO PARA EL CALDO ME PARECE... NO SÉ, UN POCO QUÉ SÉ YO....

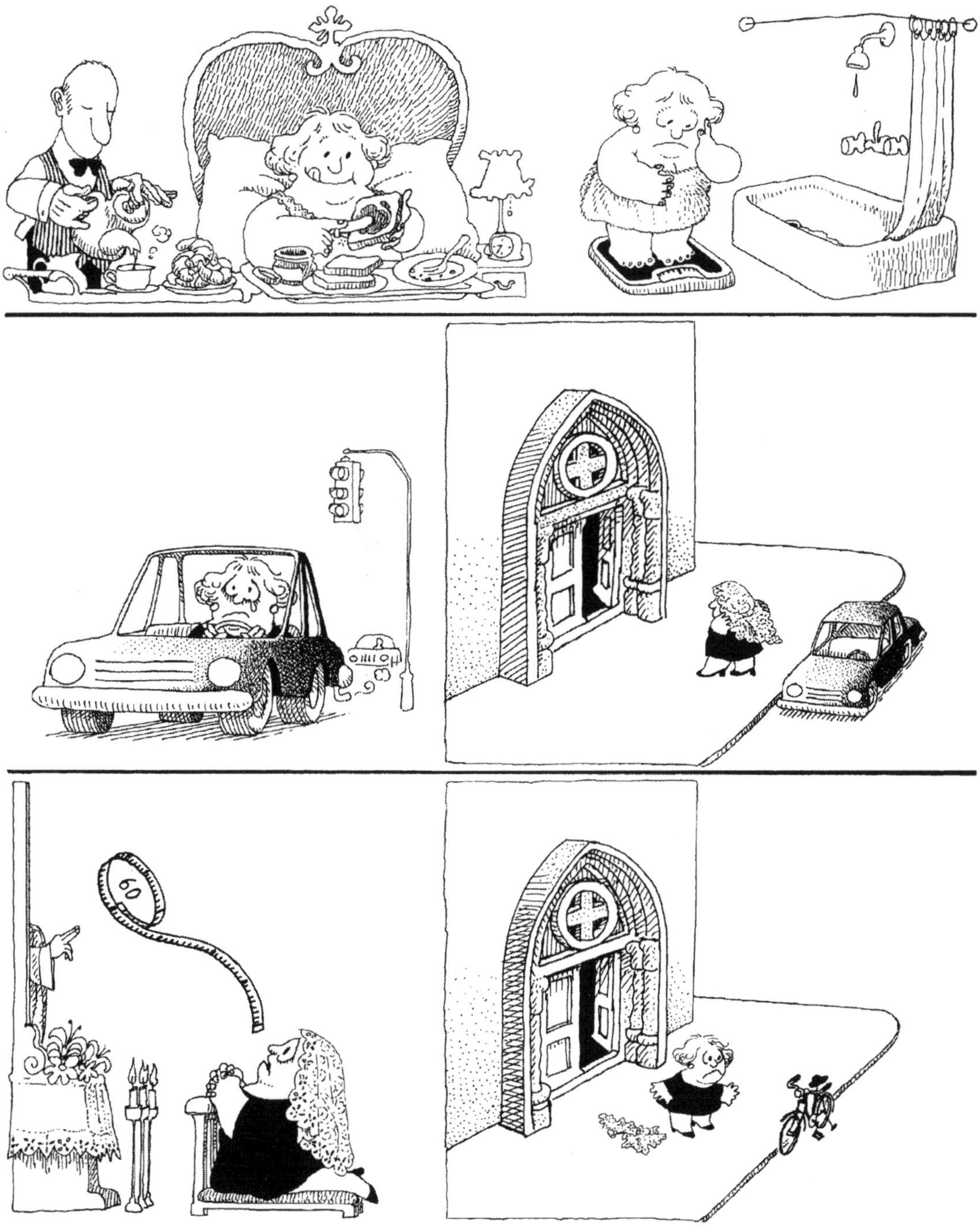
60

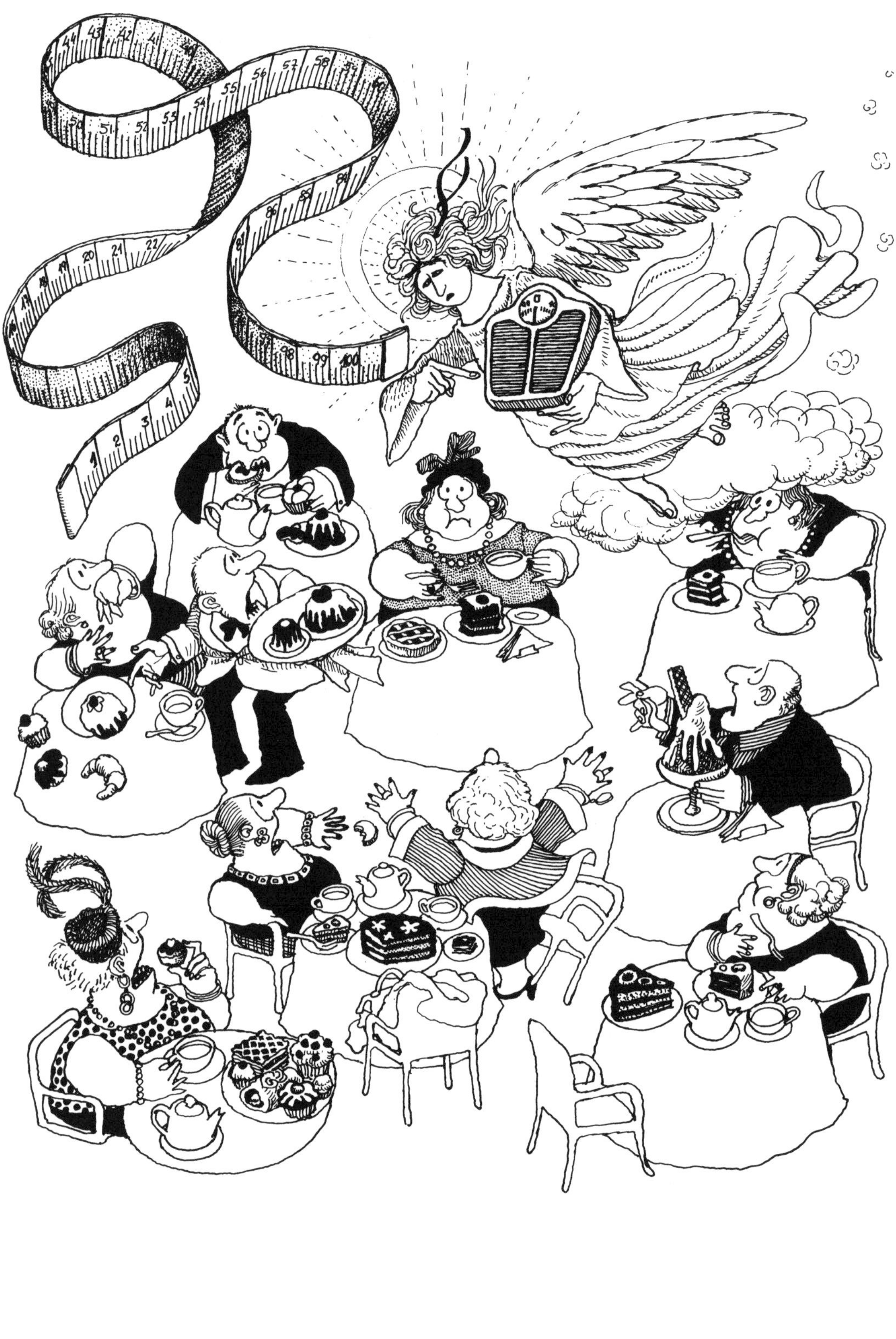

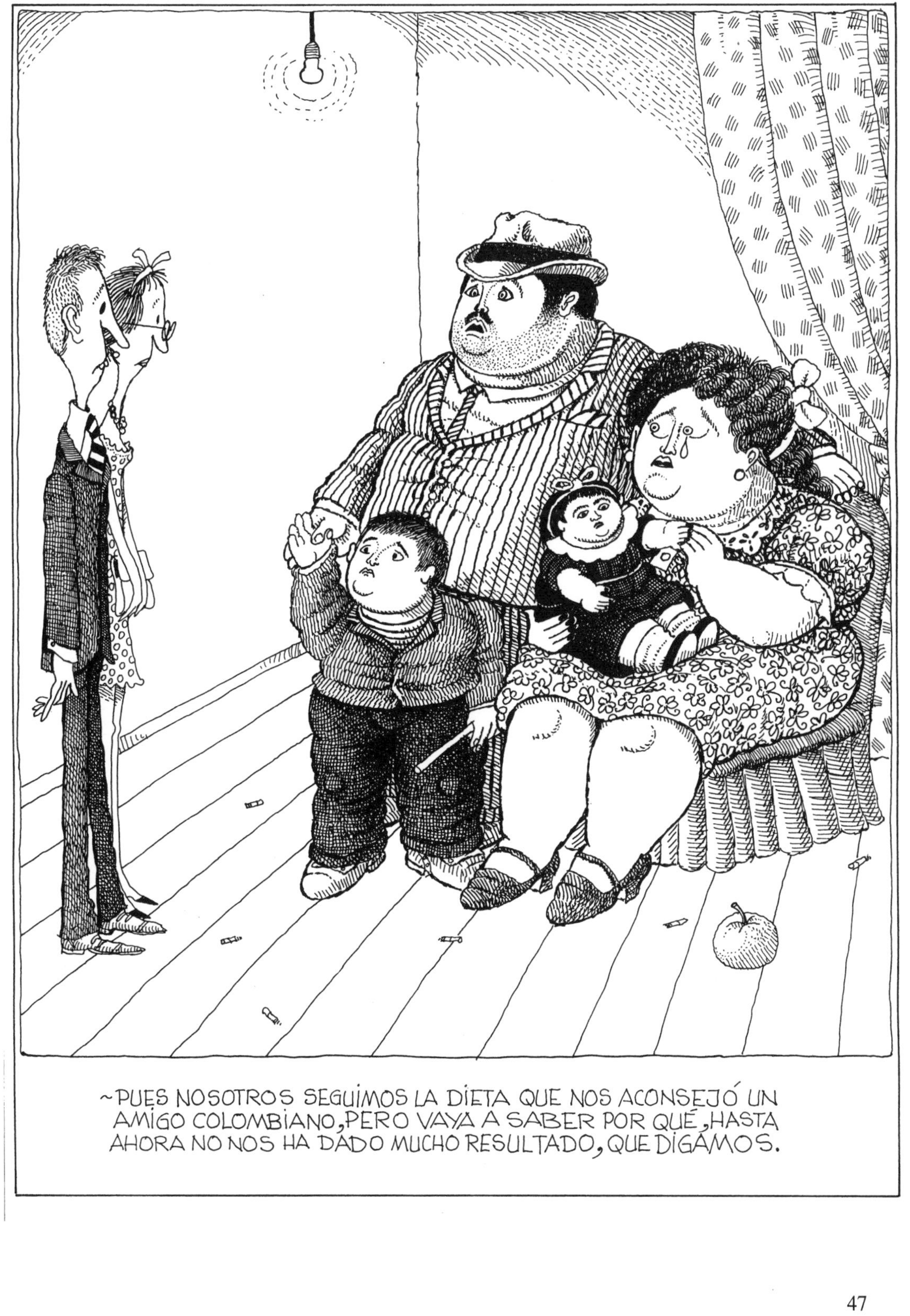

~PUES NOSOTROS SEGUIMOS LA DIETA QUE NOS ACONSEJÓ UN AMIGO COLOMBIANO, PERO VAYA A SABER POR QUÉ, HASTA AHORA NO NOS HA DADO MUCHO RESULTADO, QUE DIGAMOS.

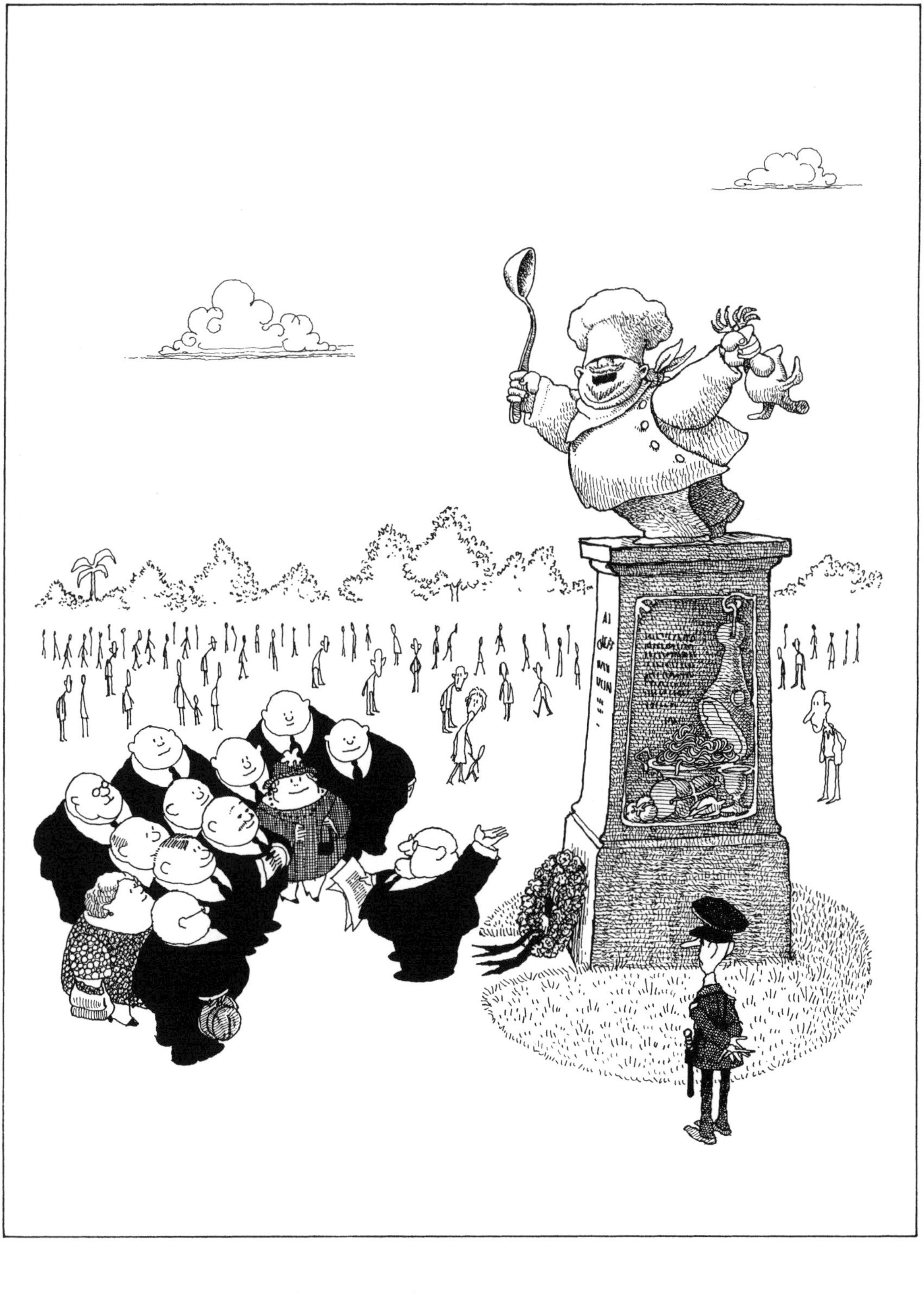

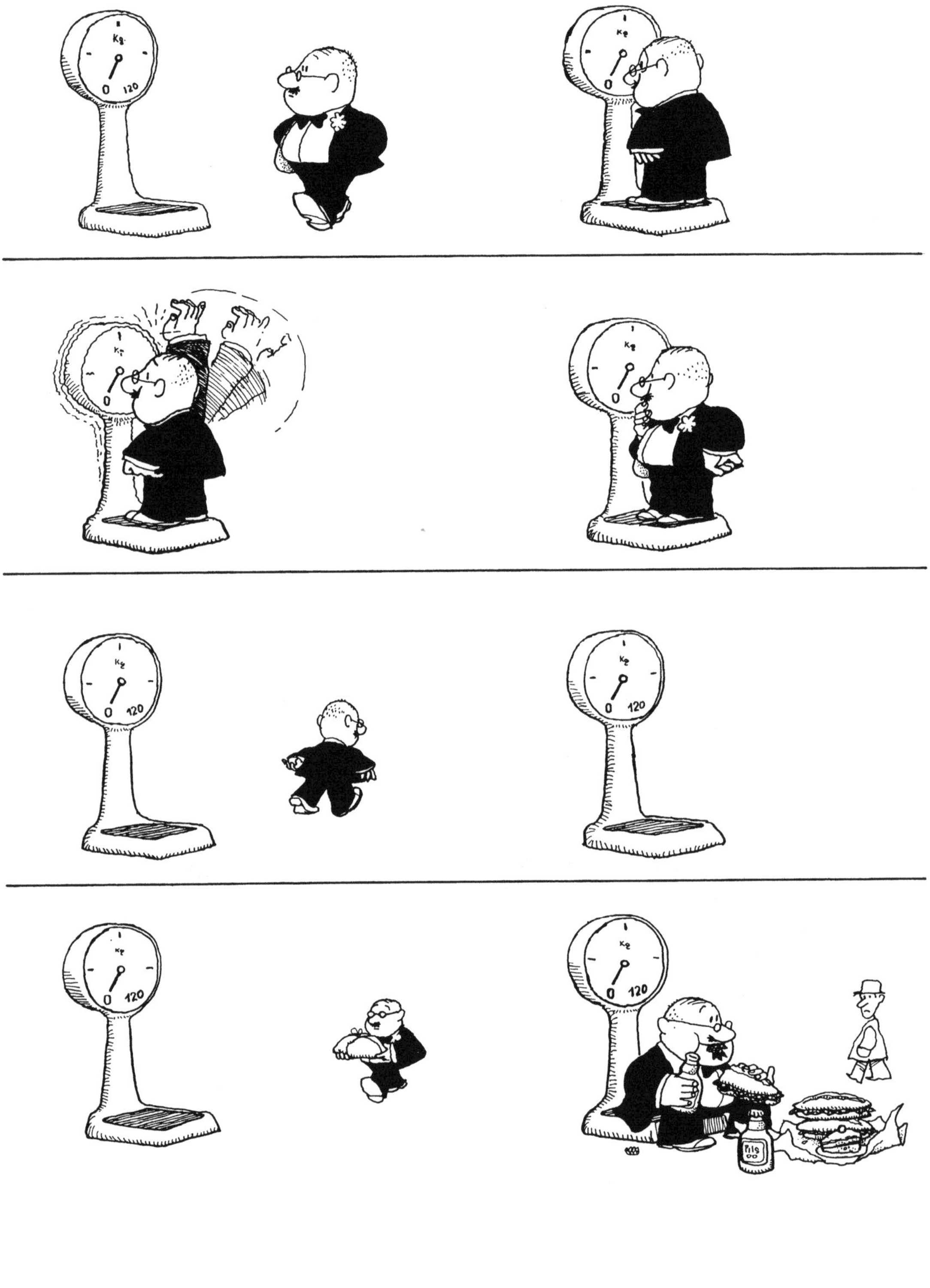
Kg
0 120
Pils

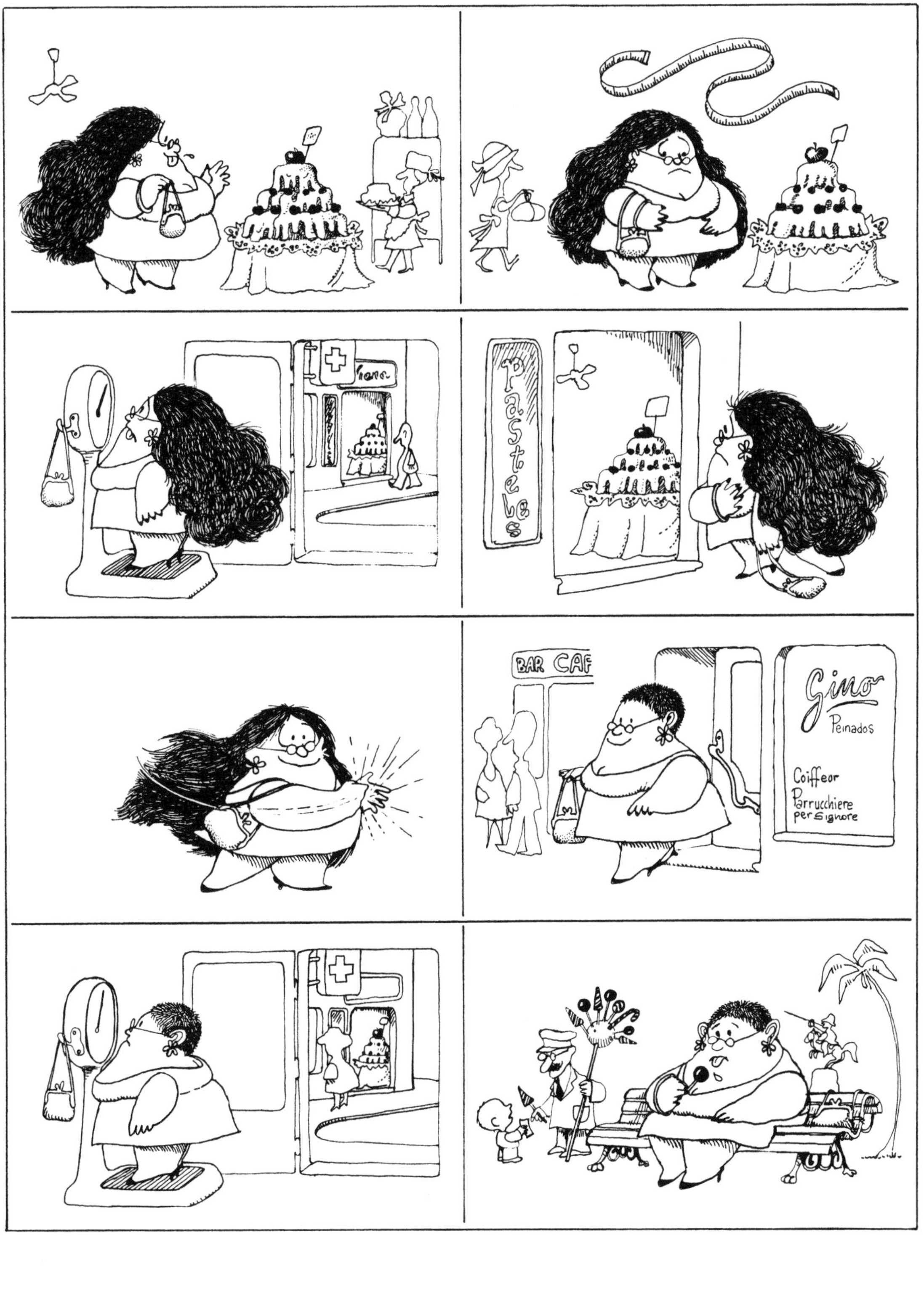
Pasteles
BAR CAF
Gino
Peinados
Coiffeor
Parrucchiere per Signore

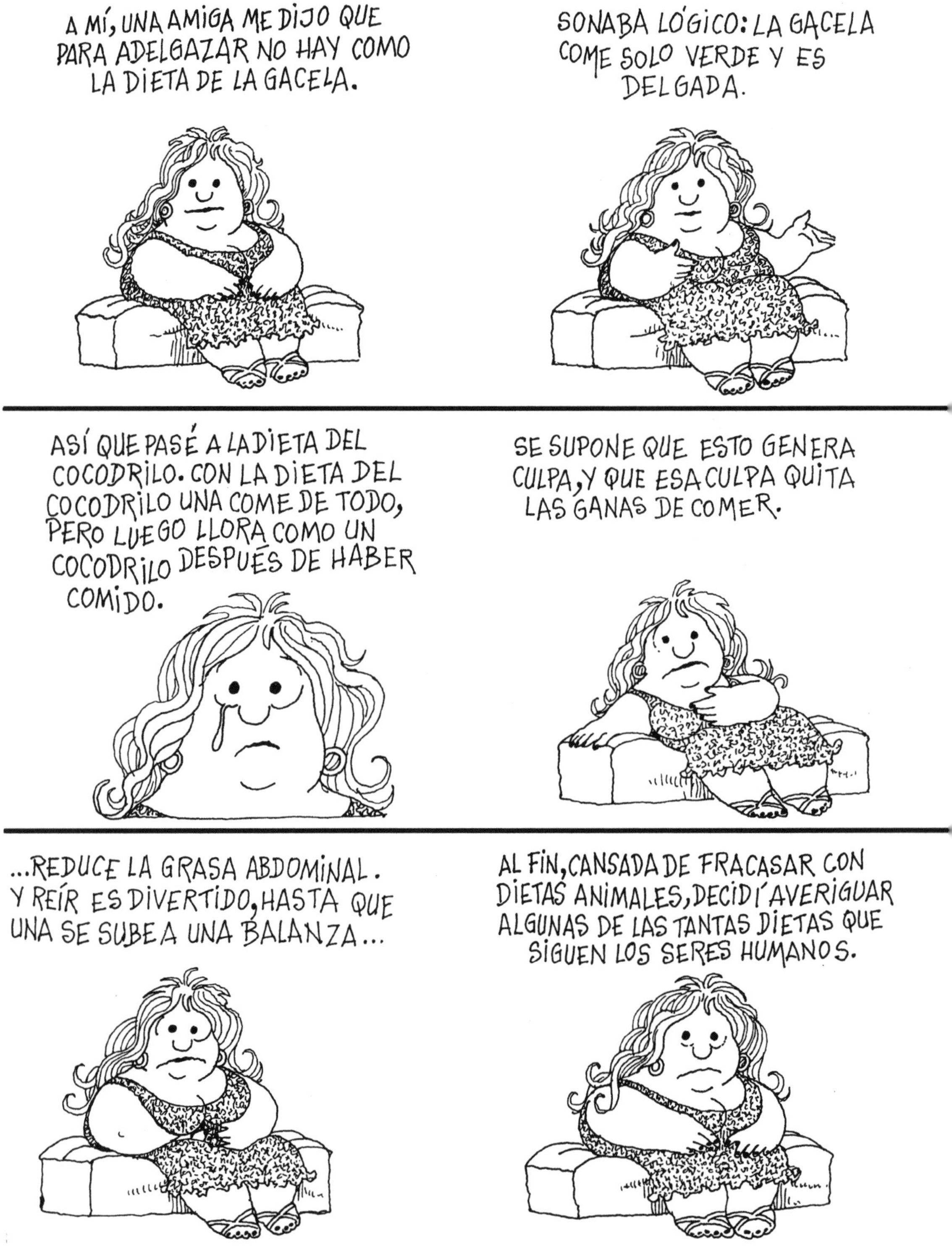
A MÍ, UNA AMIGA ME DIJO QUE PARA ADELGAZAR NO HAY COMO LA DIETA DE LA GACELA.
SONABA LÓGICO: LA GACELA COME SOLO VERDE Y ES DELGADA.
ASÍ QUE PASÉ A LA DIETA DEL COCODRILO. CON LA DIETA DEL COCODRILO UNA COME DE TODO, PERO LUEGO LLORA COMO UN COCODRILO DESPUÉS DE HABER COMIDO.
SE SUPONE QUE ESTO GENERA CULPA, Y QUE ESA CULPA QUITA LAS GANAS DE COMER.
...REDUCE LA GRASA ABDOMINAL. Y REÍR ES DIVERTIDO, HASTA QUE UNA SE SUBE A UNA BALANZA...
AL FIN, CANSADA DE FRACASAR CON DIETAS ANIMALES, DECIDÍ AVERIGUAR ALGUNAS DE LAS TANTAS DIETAS QUE SIGUEN LOS SERES HUMANOS.

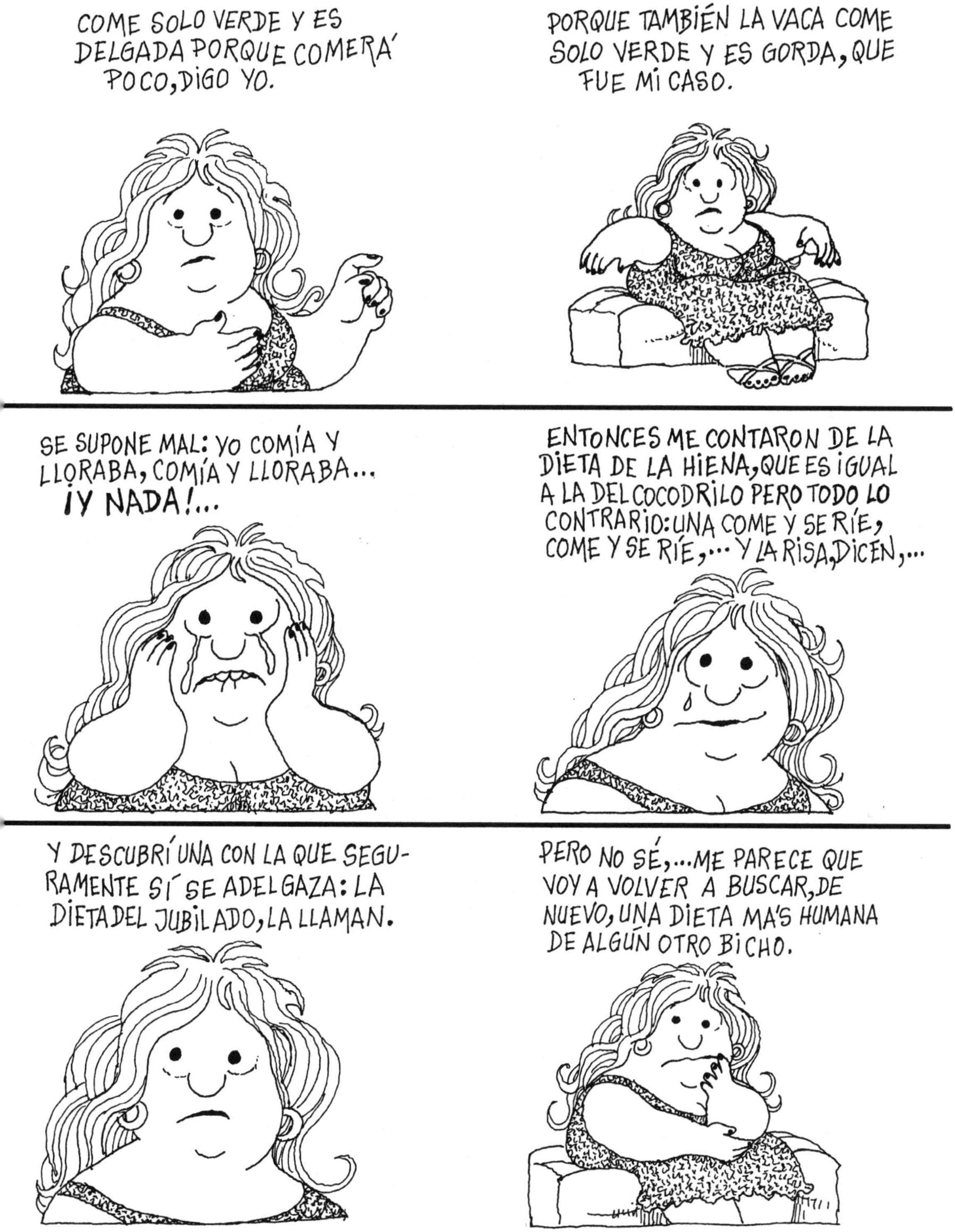
COME SOLO VERDE Y ES DELGADA PORQUE COMERÁ POCO, DIGO YO.
PORQUE TAMBIÉN LA VACA COME SOLO VERDE Y ES GORDA, QUE FUE MI CASO.
SE SUPONE MAL: YO COMÍA Y LLORABA, COMÍA Y LLORABA... ¡Y NADA!...
ENTONCES ME CONTARON DE LA DIETA DE LA HIENA, QUE ES IGUAL A LA DEL COCODRILO PERO TODO LO CONTRARIO: UNA COME Y SE RÍE, COME Y SE RÍE,... Y LA RISA, DICEN,...
Y DESCUBRÍ UNA CON LA QUE SEGU-RAMENTE SÍ SE ADELGAZA: LA DIETA DEL JUBILADO, LA LLAMAN.
PERO NO SÉ,... ME PARECE QUE VOY A VOLVER A BUSCAR, DE NUEVO, UNA DIETA MÁS HUMANA DE ALGÚN OTRO BICHO.

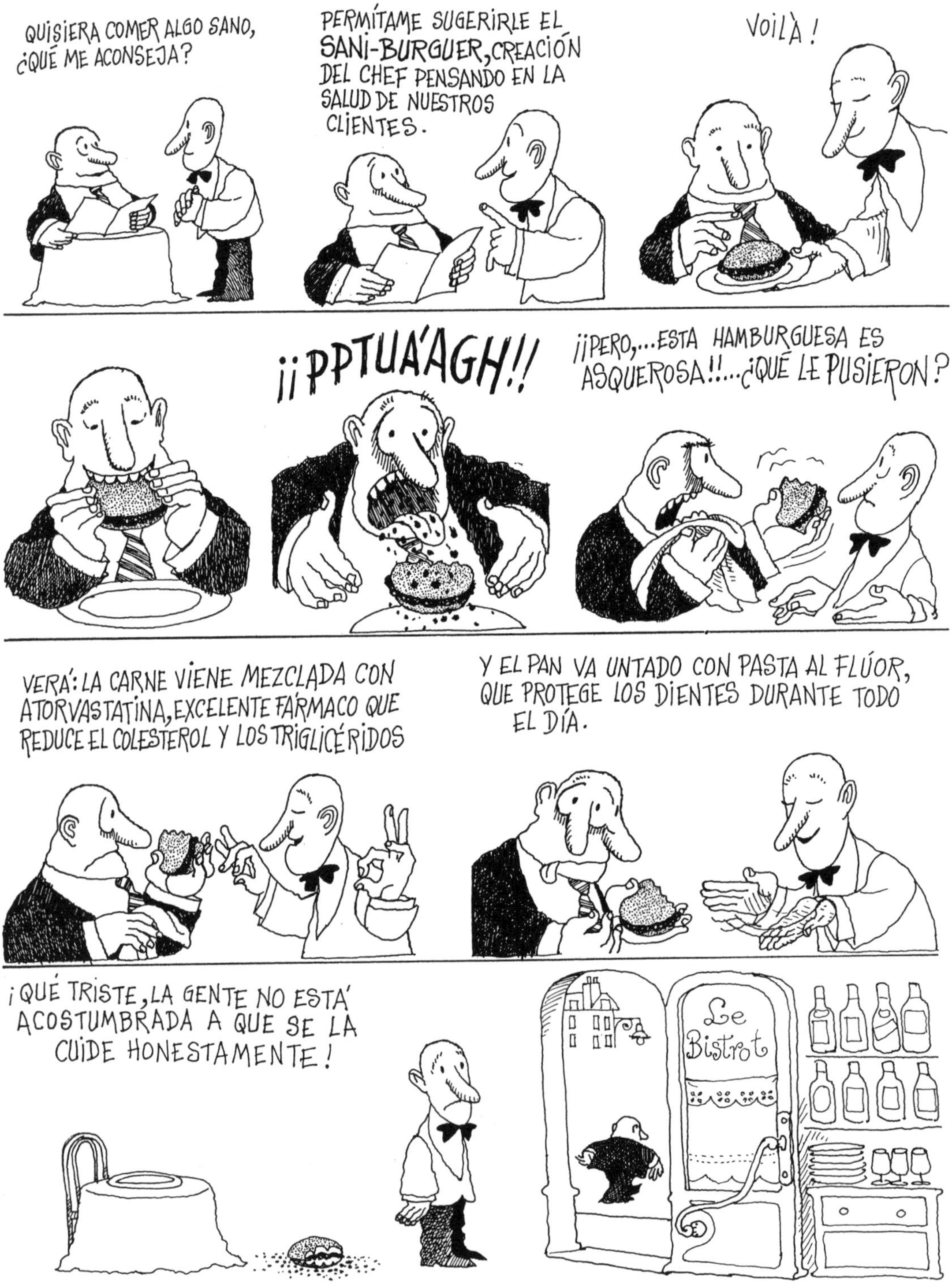
QUISIERA COMER ALGO SANO, ¿QUÉ ME ACONSEJA?
PERMÍTAME SUGERIRLE EL SANI-BURGUER, CREACIÓN DEL CHEF PENSANDO EN LA SALUD DE NUESTROS CLIENTES.
VOILÀ!
¡¡PPTUÁAGH!!
¡¡PERO,...ESTA HAMBURGUESA ES ASQUEROSA!!...¿QUÉ LE PUSIERON?
VERÁ: LA CARNE VIENE MEZCLADA CON ATORVASTATINA, EXCELENTE FÁRMACO QUE REDUCE EL COLESTEROL Y LOS TRIGLICÉRIDOS
Y EL PAN VA UNTADO CON PASTA AL FLÚOR, QUE PROTEGE LOS DIENTES DURANTE TODO EL DÍA.
¡QUÉ TRISTE, LA GENTE NO ESTÁ ACOSTUMBRADA A QUE SE LA CUIDE HONESTAMENTE!
Le Bistrot

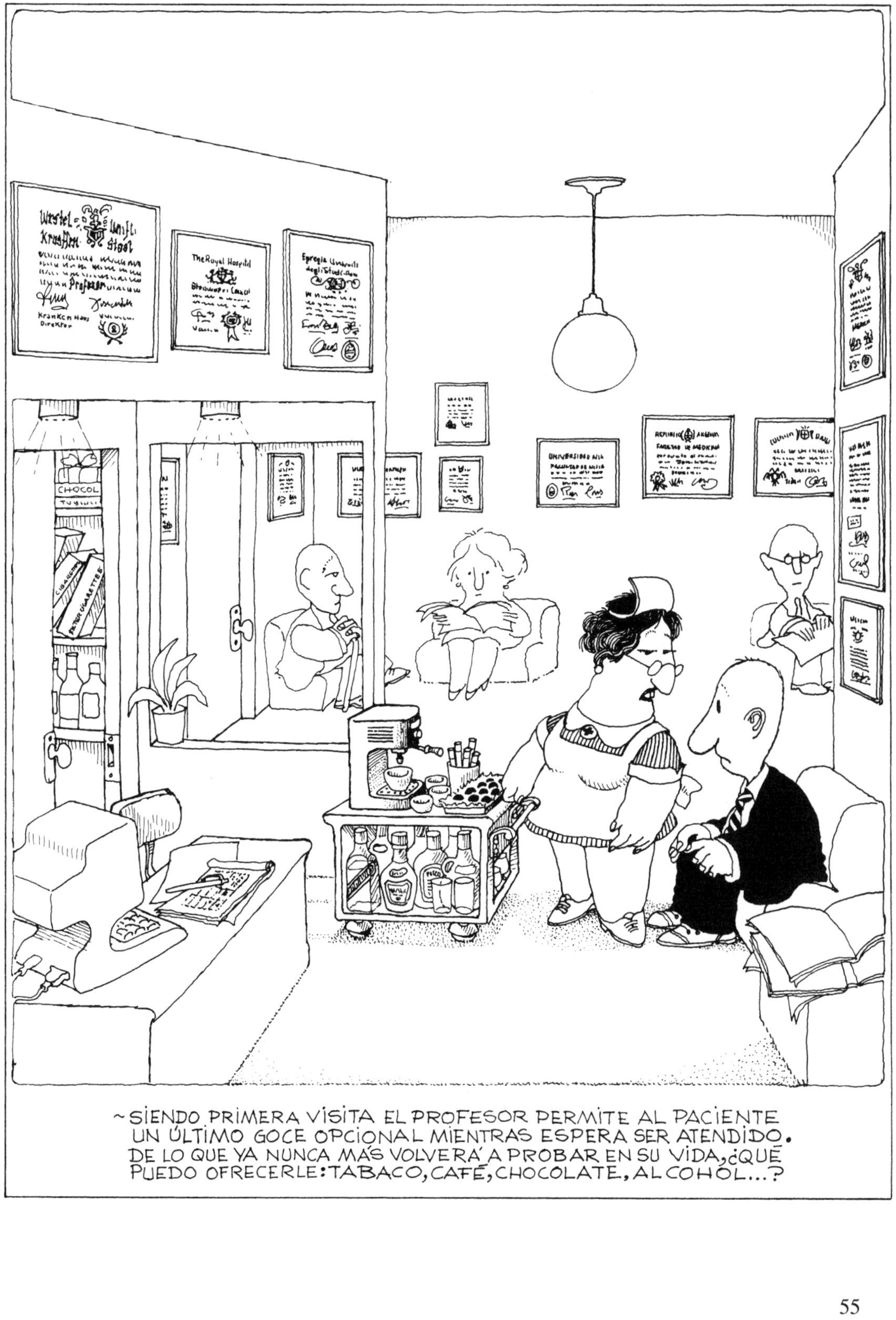
The Royal Hospital
CHOCOL

–SIENDO PRIMERA VISITA EL PROFESOR PERMITE AL PACIENTE UN ÚLTIMO GOCE OPCIONAL MIENTRAS ESPERA SER ATENDIDO. DE LO QUE YA NUNCA MÁS VOLVERÁ A PROBAR EN SU VIDA, ¿QUÉ PUEDO OFRECERLE: TABACO, CAFÉ, CHOCOLATE, ALCOHOL...?

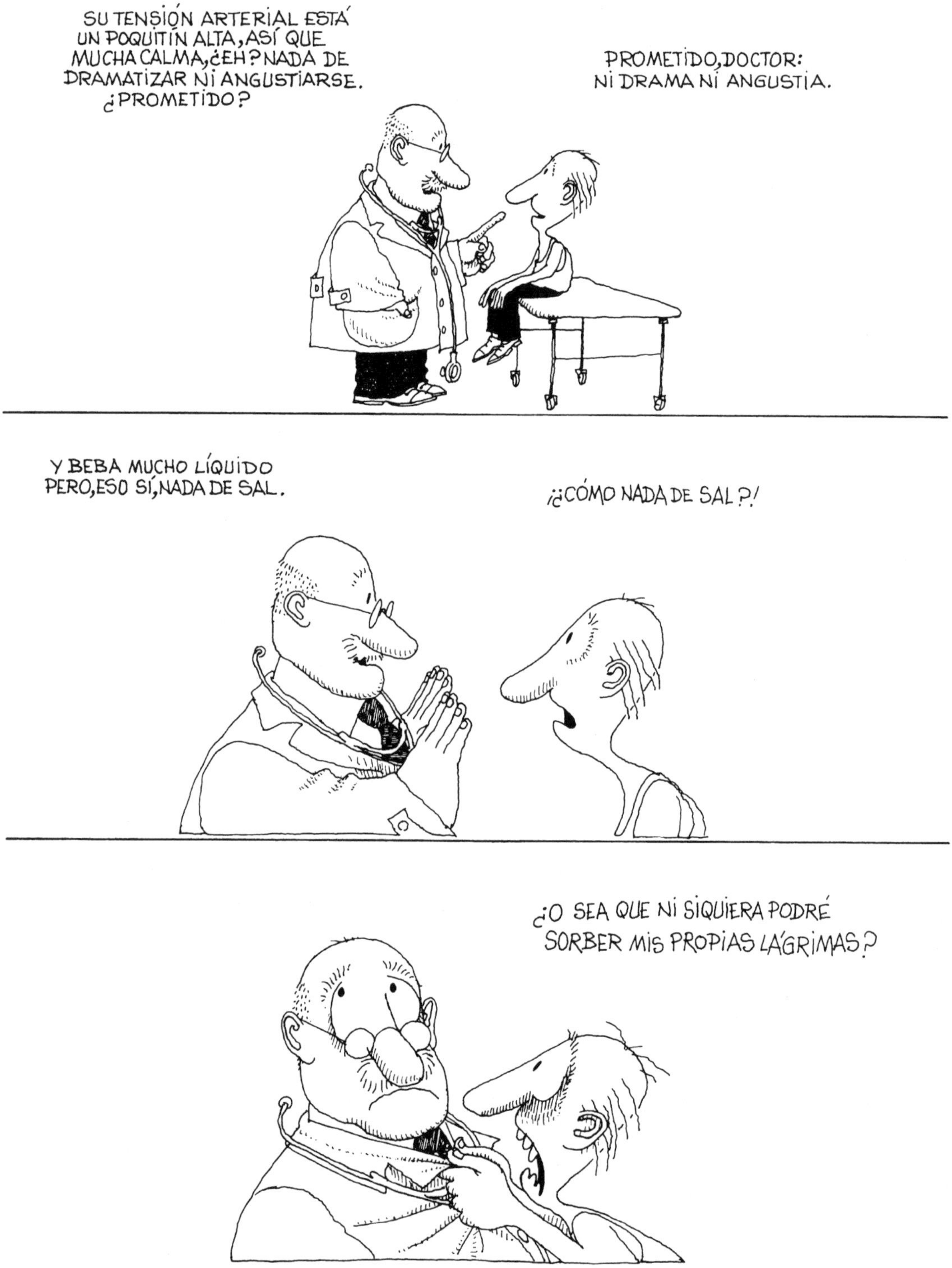
SU TENSIÓN ARTERIAL ESTÁ UN POQUITÍN ALTA, ASÍ QUE MUCHA CALMA, ¿EH? NADA DE DRAMATIZAR NI ANGUSTIARSE. ¿PROMETIDO?
PROMETIDO, DOCTOR: NI DRAMA NI ANGUSTIA.
Y BEBA MUCHO LÍQUIDO PERO, ESO SÍ, NADA DE SAL.
¡¿CÓMO NADA DE SAL?!
¿O SEA QUE NI SIQUIERA PODRÉ SORBER MIS PROPIAS LÁGRIMAS?

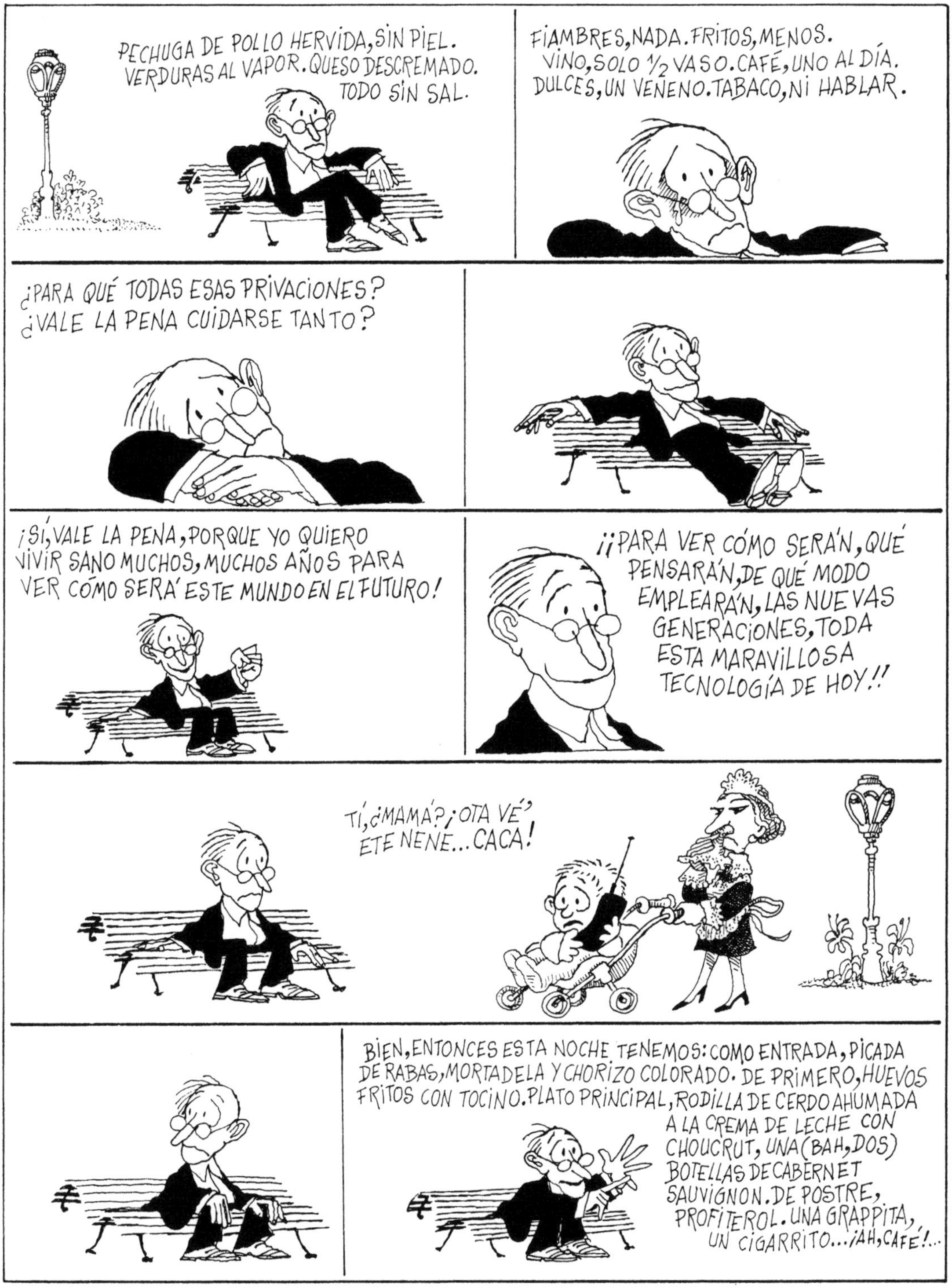
PECHUGA DE POLLO HERVIDA, SIN PIEL. VERDURAS AL VAPOR. QUESO DESCREMADO. TODO SIN SAL.
FIAMBRES, NADA. FRITOS, MENOS. VINO, SOLO 1/2 VASO. CAFÉ, UNO AL DÍA. DULCES, UN VENENO. TABACO, NI HABLAR.
¿PARA QUÉ TODAS ESAS PRIVACIONES? ¿VALE LA PENA CUIDARSE TANTO?
¡SÍ, VALE LA PENA, PORQUE YO QUIERO VIVIR SANO MUCHOS, MUCHOS AÑOS PARA VER CÓMO SERÁ ESTE MUNDO EN EL FUTURO!
¡¡PARA VER CÓMO SERÁN, QUÉ PENSARÁN, DE QUÉ MODO EMPLEARÁN, LAS NUEVAS GENERACIONES, TODA ESTA MARAVILLOSA TECNOLOGÍA DE HOY!!
TÍ, ¿MAMÁ? ¡OTA VÉ ETE NENE... CACA!
BIEN, ENTONCES ESTA NOCHE TENEMOS: COMO ENTRADA, PICADA DE RABAS, MORTADELA Y CHORIZO COLORADO. DE PRIMERO, HUEVOS FRITOS CON TOCINO. PLATO PRINCIPAL, RODILLA DE CERDO AHUMADA A LA CREMA DE LECHE CON CHOUCRUT, UNA (BAH, DOS) BOTELLAS DE CABERNET SAUVIGNON. DE POSTRE, PROFITEROL. UNA GRAPPITA, UN CIGARRITO... ¡AH, CAFÉ!...

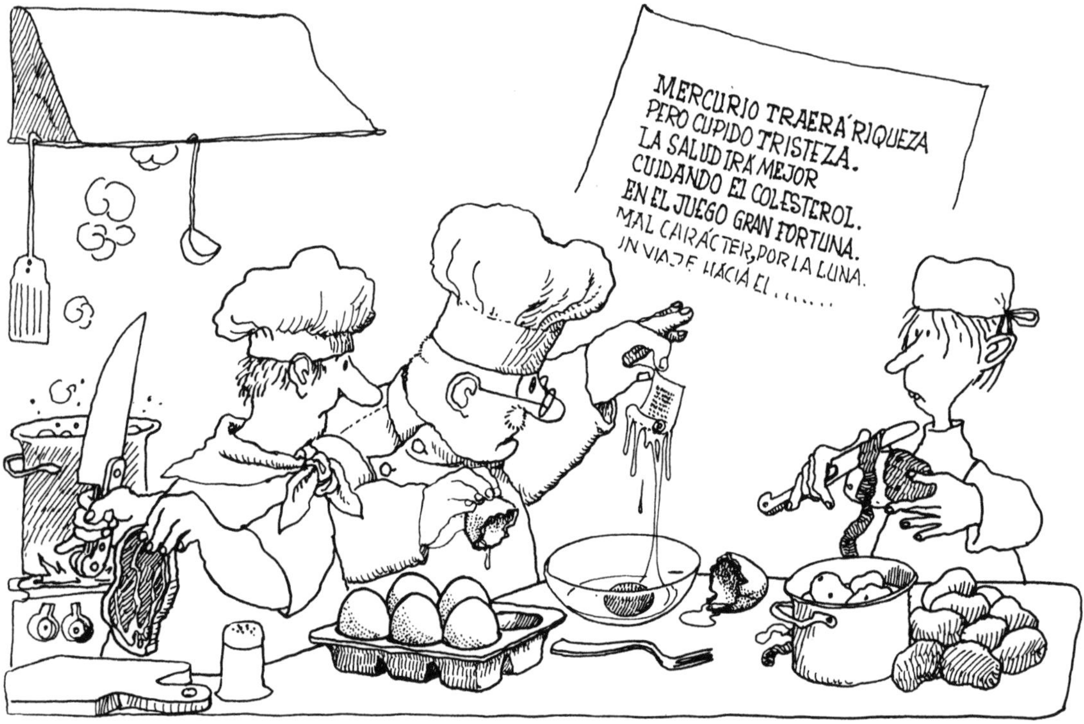
MERCURIO TRAERÁ RIQUEZA
PERO CUPIDO TRISTEZA.
LA SALUD IRÁ MEJOR
CUIDANDO EL COLESTEROL.
EN EL JUEGO GRAN FORTUNA.
MAL CARÁCTER, POR LA LUNA.
UN VIAJE HACIÁ EL ......

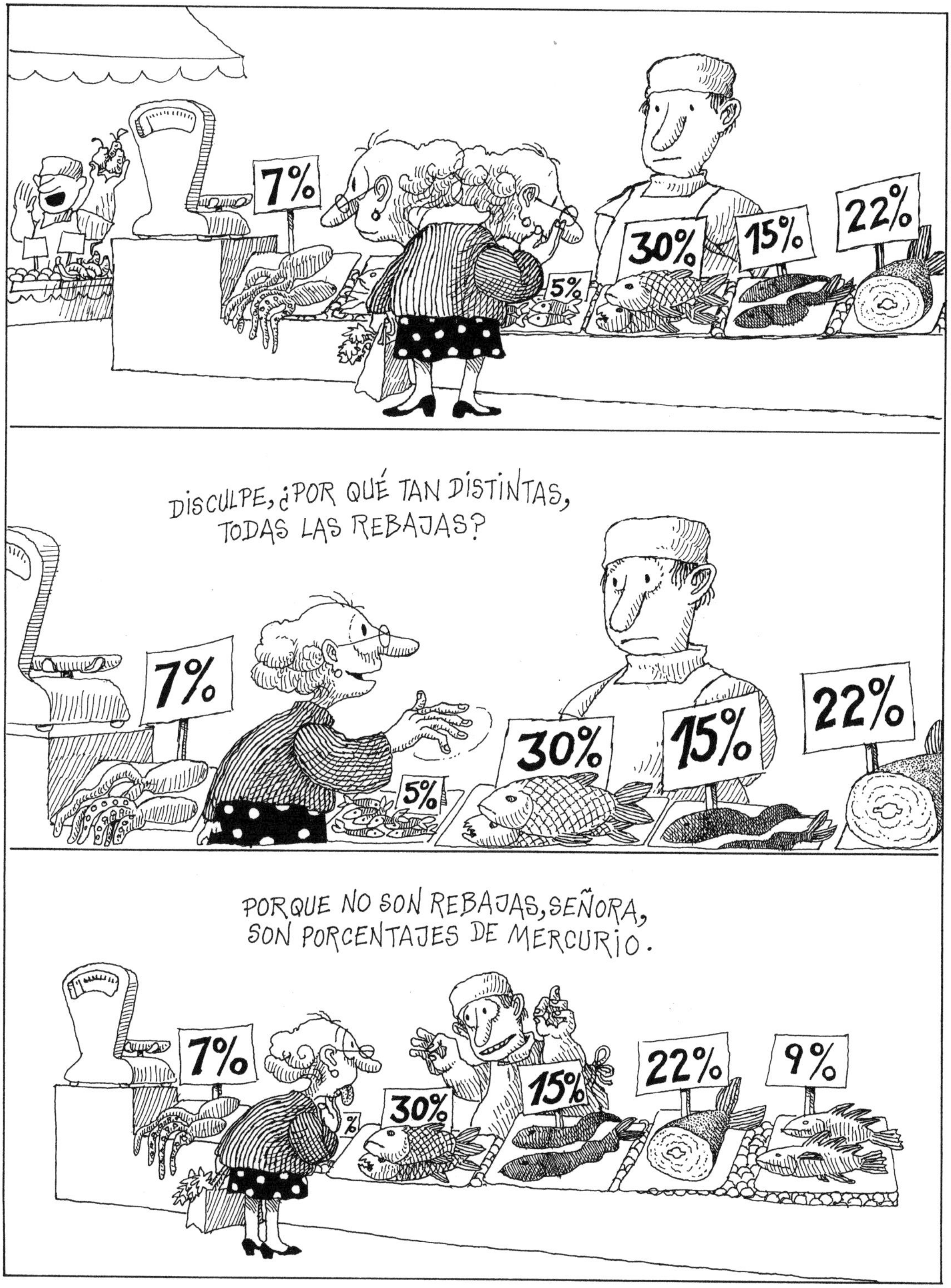
7%
30%
15%
22%
5%
DISCULPE, ¿POR QUÉ TAN DISTINTAS, TODAS LAS REBAJAS?
7%
5%
30%
15%
22%
PORQUE NO SON REBAJAS, SEÑORA, SON PORCENTAJES DE MERCURIO.
7%
30%
15%
22%
9%

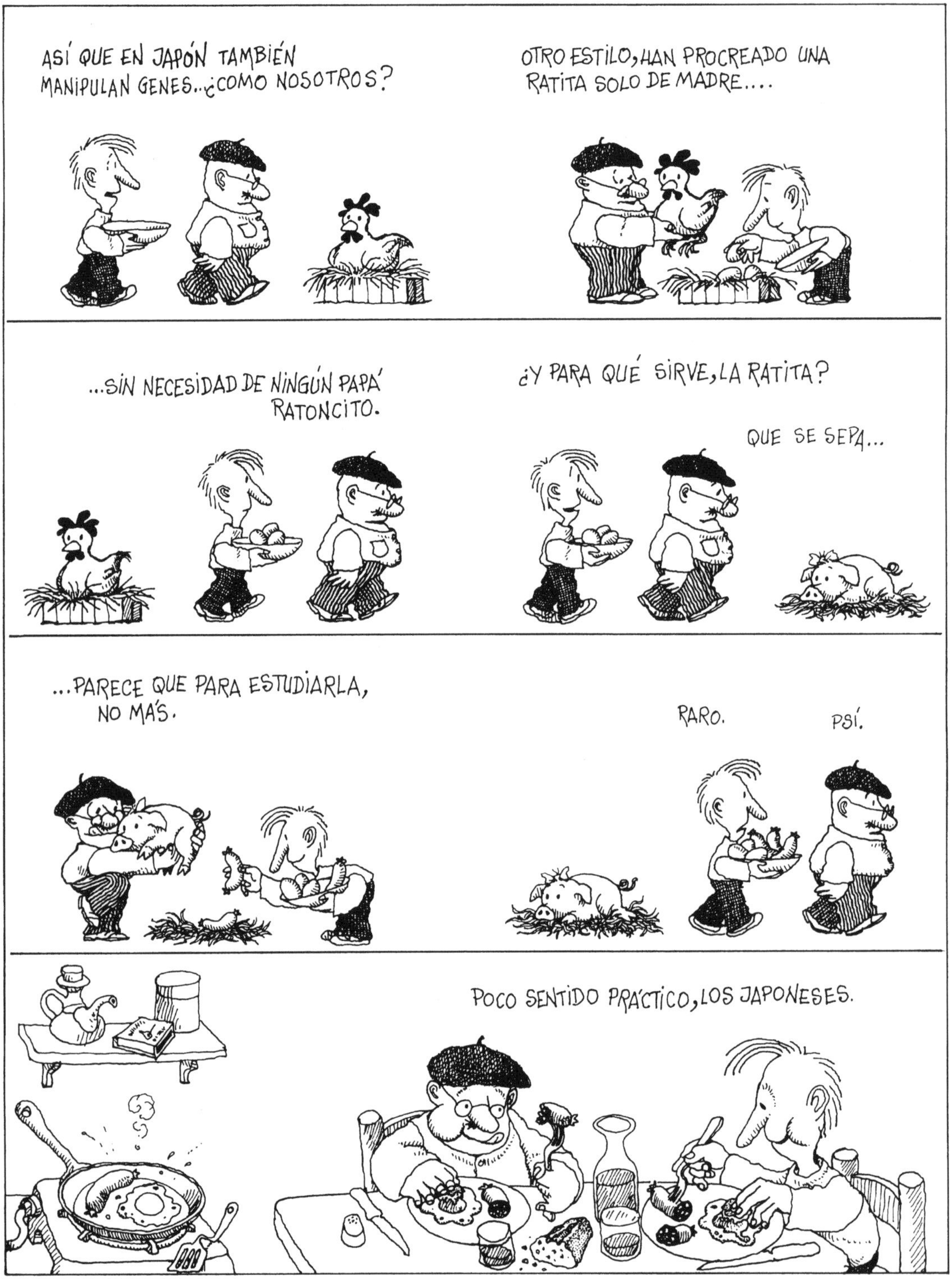
ASÍ QUE EN JAPÓN TAMBIÉN MANIPULAN GENES... ¿COMO NOSOTROS?
OTRO ESTILO, HAN PROCREADO UNA RATITA SOLO DE MADRE....
...SIN NECESIDAD DE NINGÚN PAPÁ RATONCITO.
¿Y PARA QUÉ SIRVE, LA RATITA?
QUE SE SEPA...
...PARECE QUE PARA ESTUDIARLA, NO MÁS.
RARO.
PSÍ.
POCO SENTIDO PRÁCTICO, LOS JAPONESES.

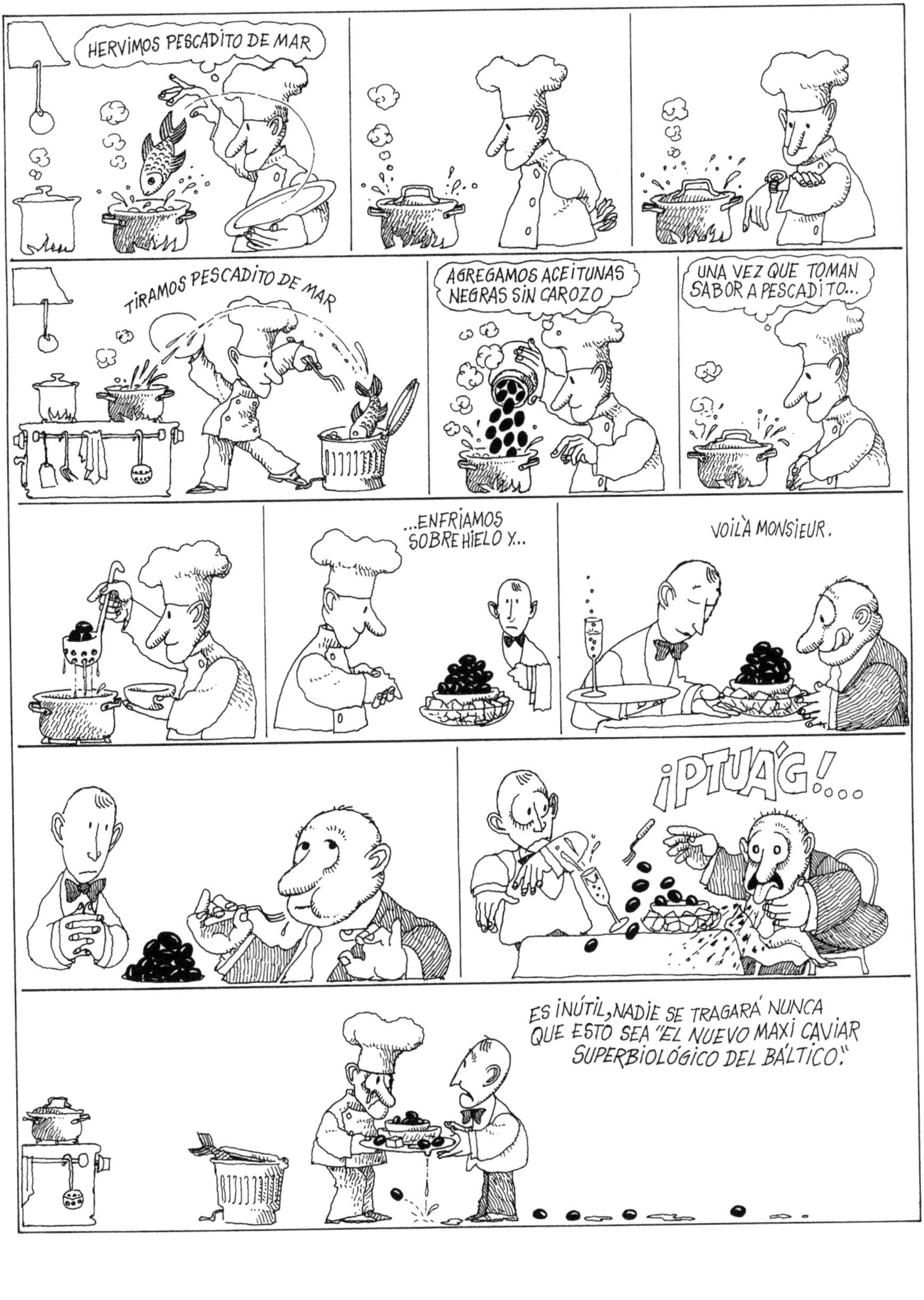
HERVIMOS PESCADITO DE MAR
TIRAMOS PESCADITO DE MAR
AGREGAMOS ACEITUNAS NEGRAS SIN CAROZO
UNA VEZ QUE TOMAN SABOR A PESCADITO...
...ENFRIAMOS SOBRE HIELO Y...
VOILÀ MONSIEUR.
¡PTUAG!...
ES INÚTIL, NADIE SE TRAGARÁ NUNCA QUE ESTO SEA "EL NUEVO MAXI CAVIAR SUPERBIOLÓGICO DEL BÁLTICO".

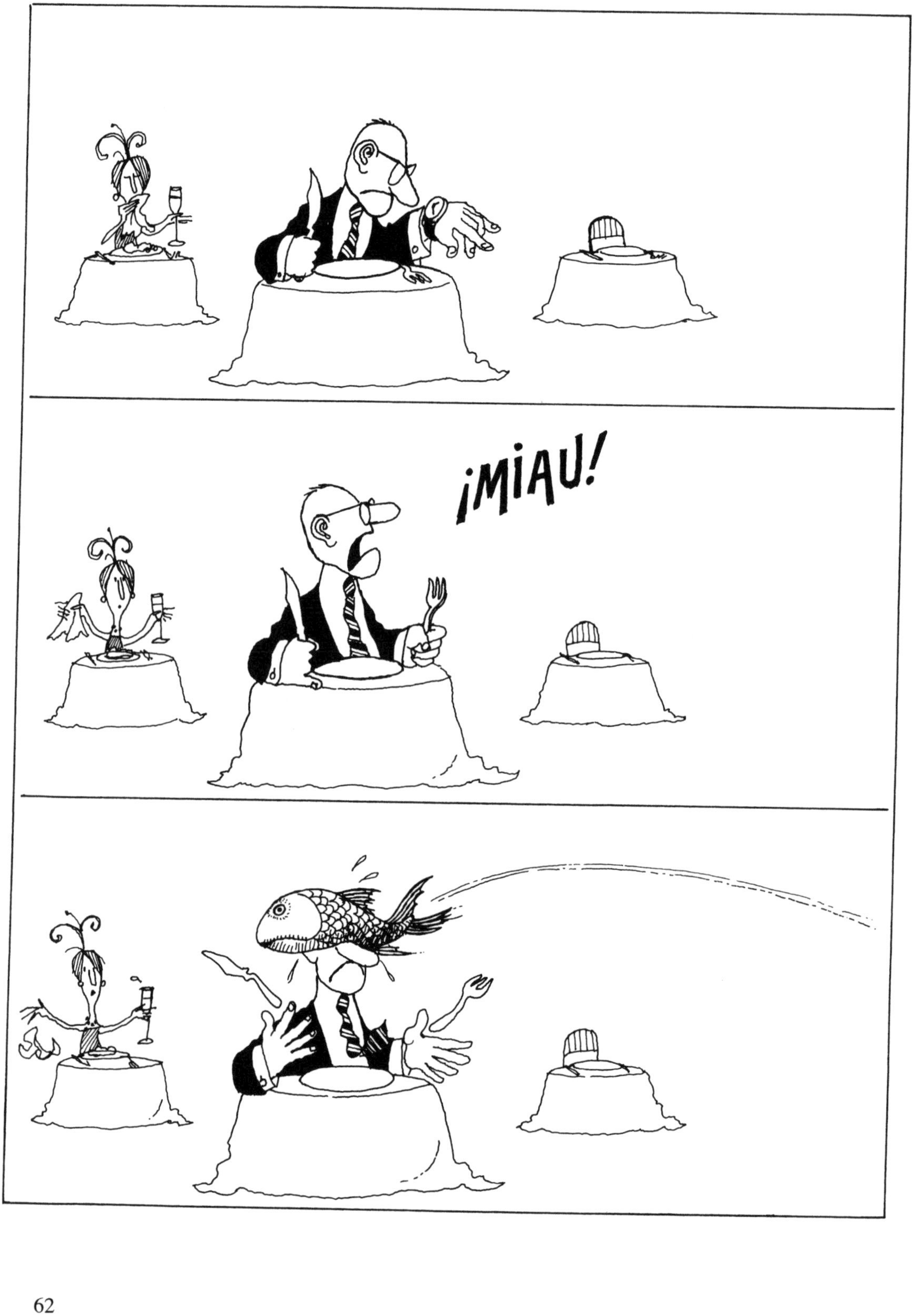
¡MIAU!

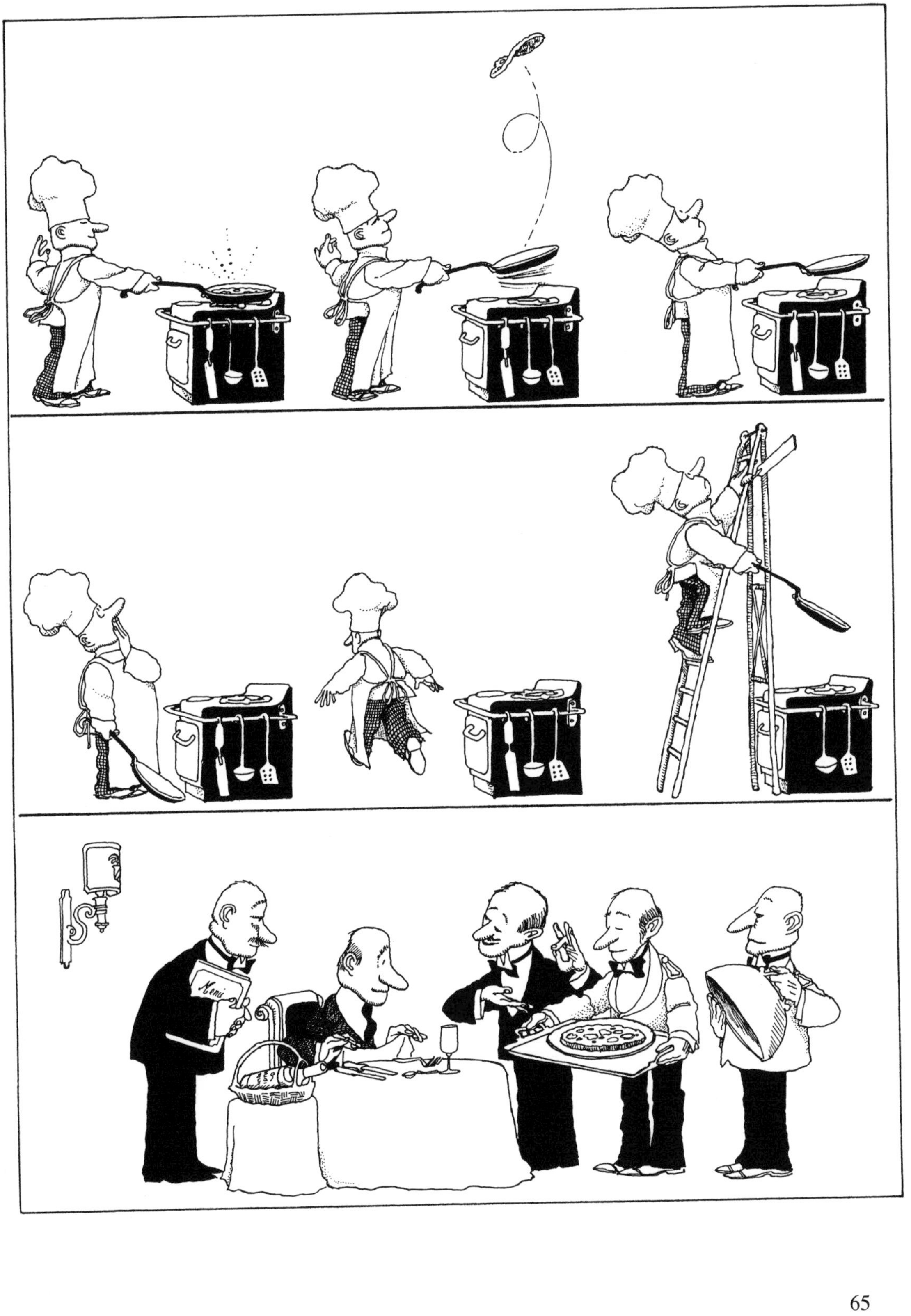
Menú

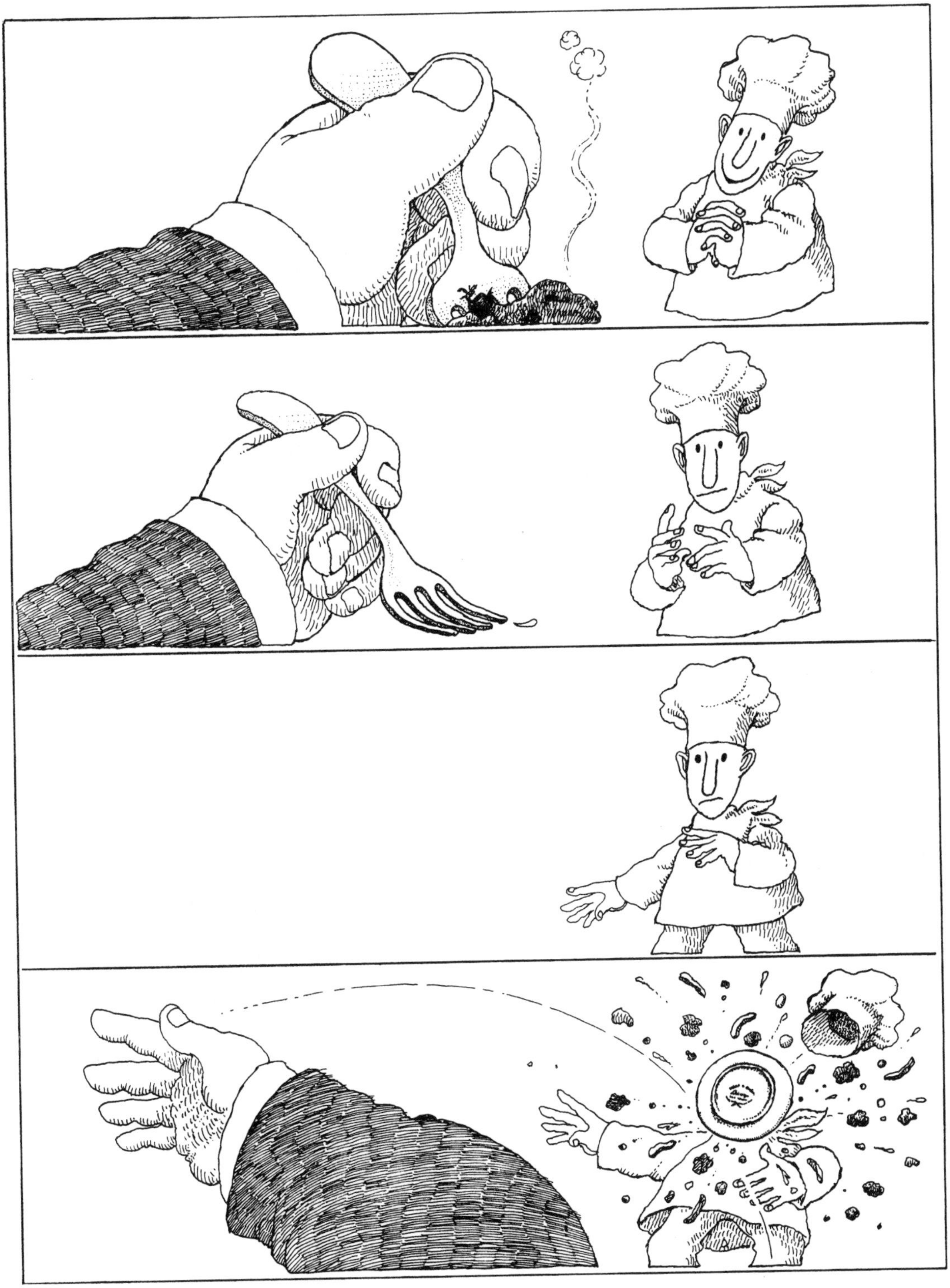

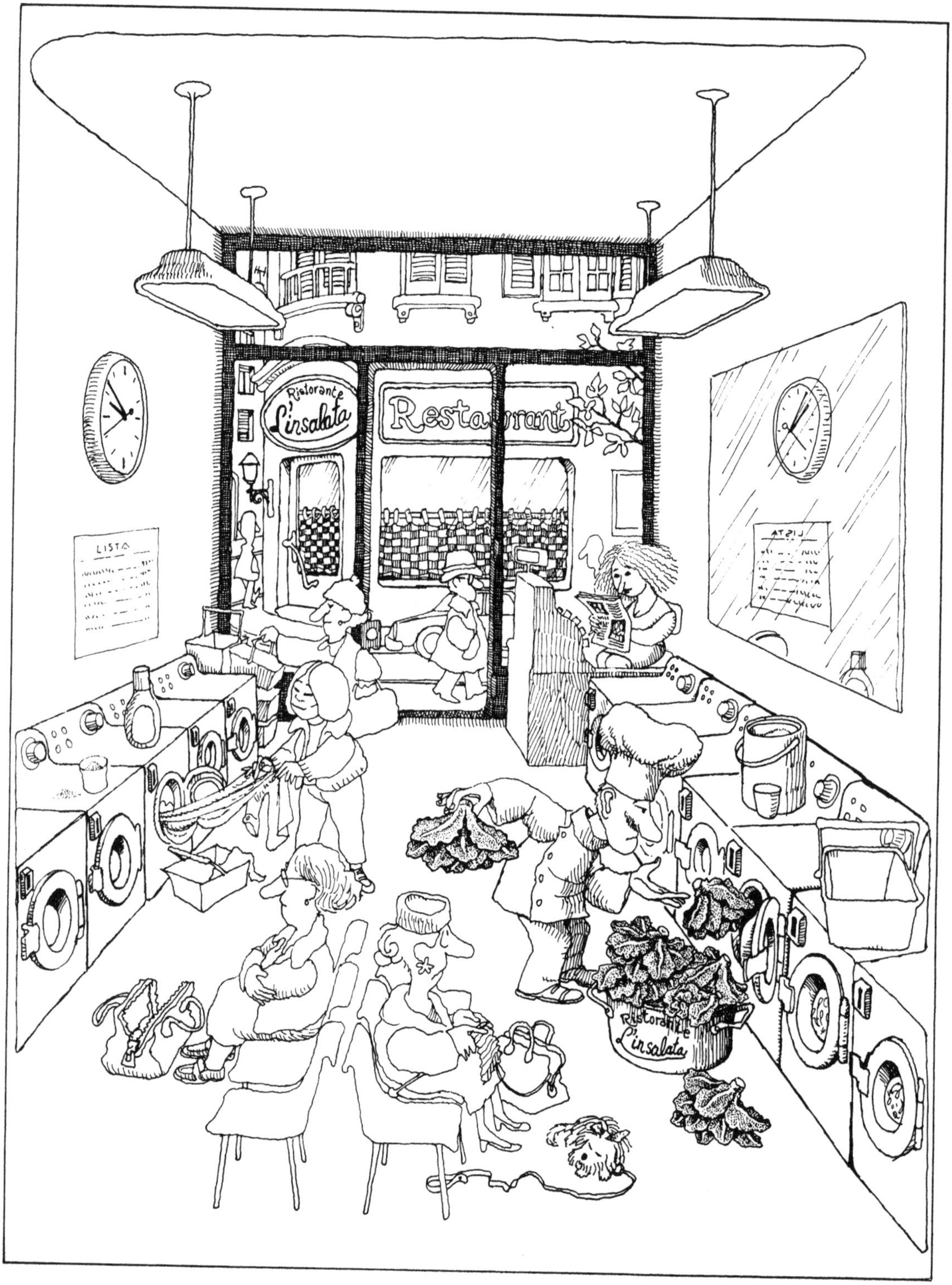
Ristorante
L'insalata
Restaurant
LISTA
Ristorante
L'insalata

—COMPRENDO QUE PICAR LECHUGA PARA DOS MIL TRESCIENTOS EFECTIVOS
NO ES TAREA SENCILLA, SARGENTO, PERO EL PERSONAL SE QUEJA DE
QUE LA ENSALADA TIENE GUSTO A PÓLVORA…

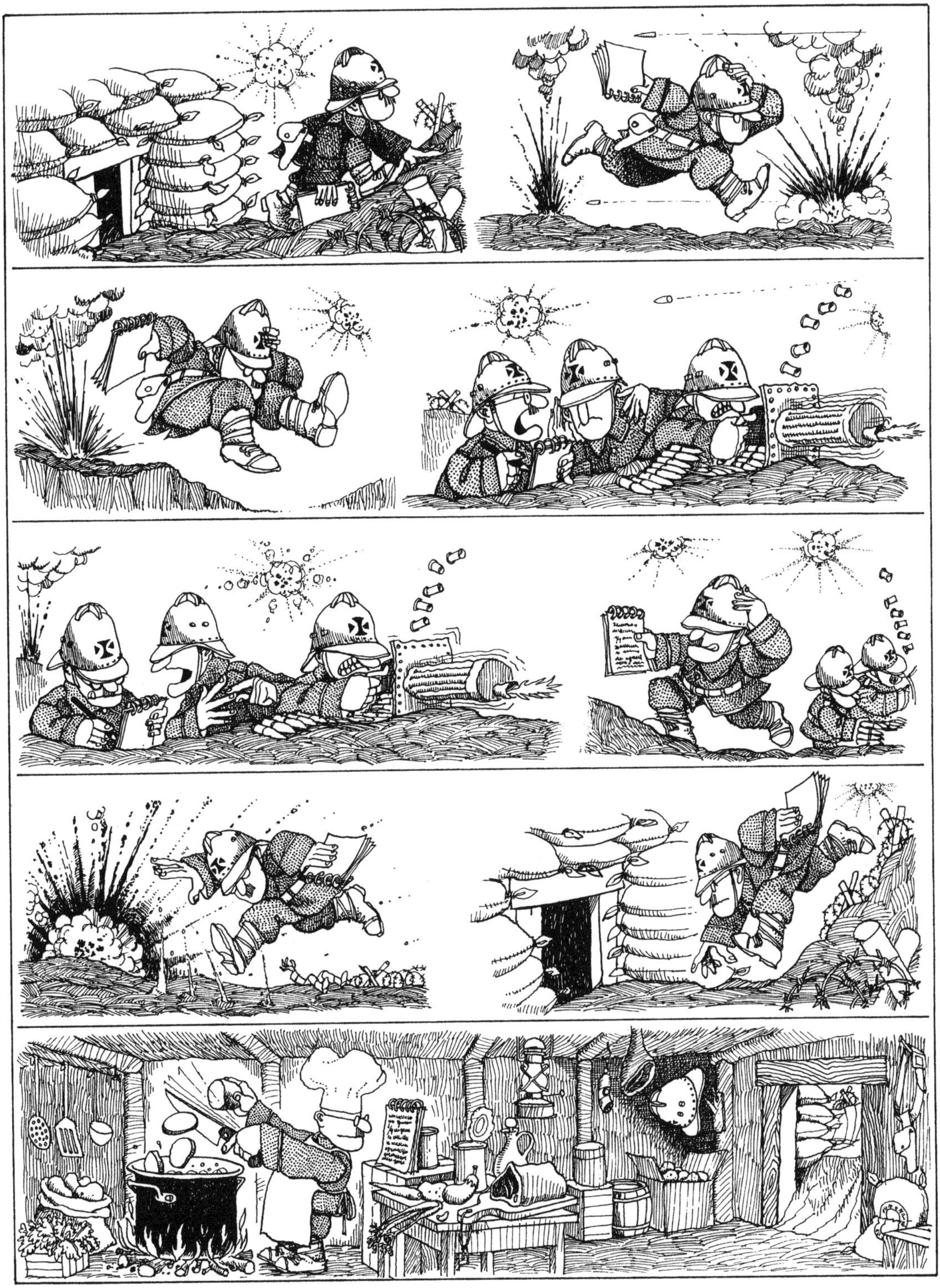

MUY SENCILLO, DOÑA XIMENA: TROZA USTED
EL ANIMAL, LO PONE EN UN CALDERO CON
MUCHO DE TOCINO, CEBOLLINES, AJOS, GUISANTES,
LAUREL Y ROMERILLO, DEJA QUE AQUELLO CUEZA
DEBIDAMENTE Y A LAS TRES HORAS TENDRÁ
UN "DRAGÓN A LA SAN JORGE" QUE YA ME
    DIRÁ USTED.

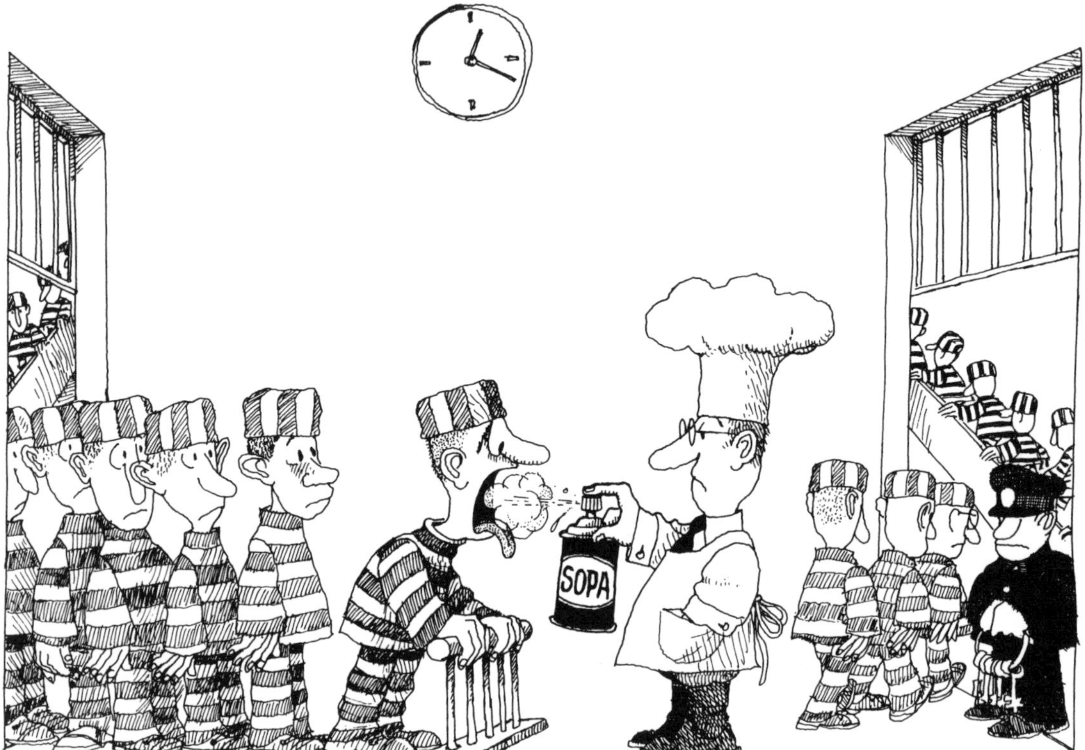
SOPA

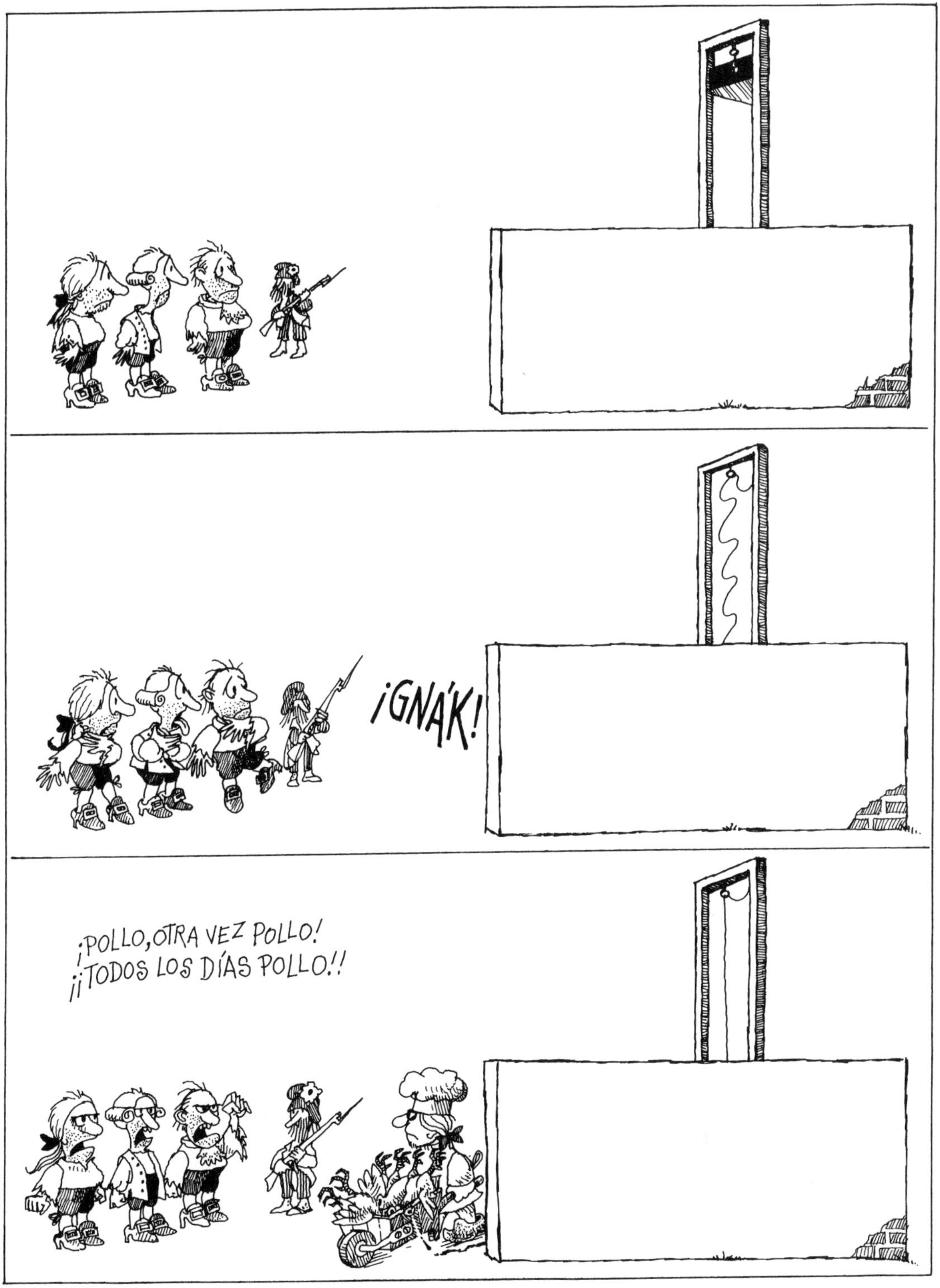
¡GNAK!
¡POLLO, OTRA VEZ POLLO!
¡¡TODOS LOS DÍAS POLLO!!

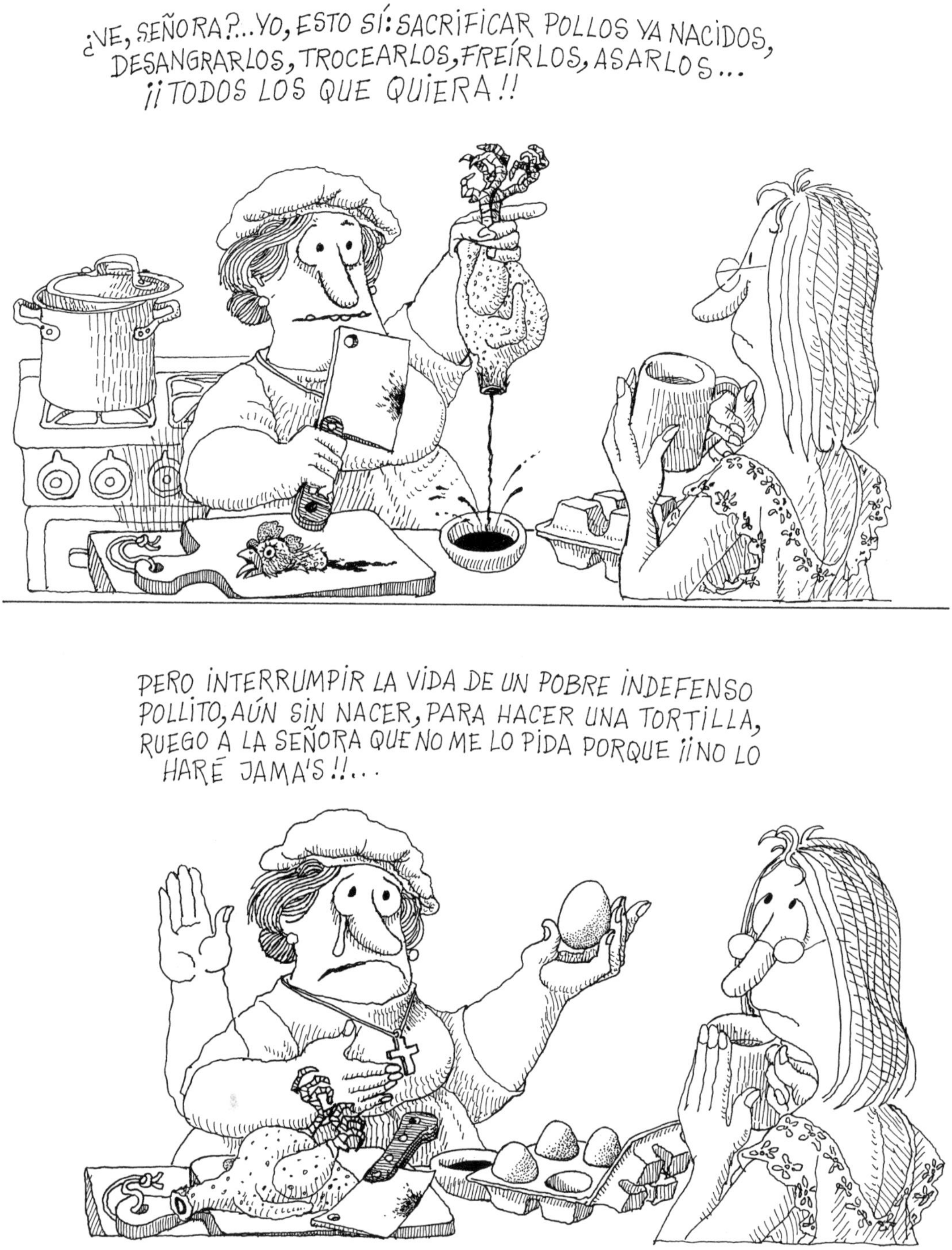
¿VE, SEÑORA?...YO, ESTO SÍ: SACRIFICAR POLLOS YA NACIDOS, DESANGRARLOS, TROCEARLOS, FREÍRLOS, ASARLOS... ¡¡TODOS LOS QUE QUIERA!!
PERO INTERRUMPIR LA VIDA DE UN POBRE INDEFENSO POLLITO, AÚN SIN NACER, PARA HACER UNA TORTILLA, RUEGO A LA SEÑORA QUE NO ME LO PIDA PORQUE ¡¡NO LO HARÉ JAMÁS!!...

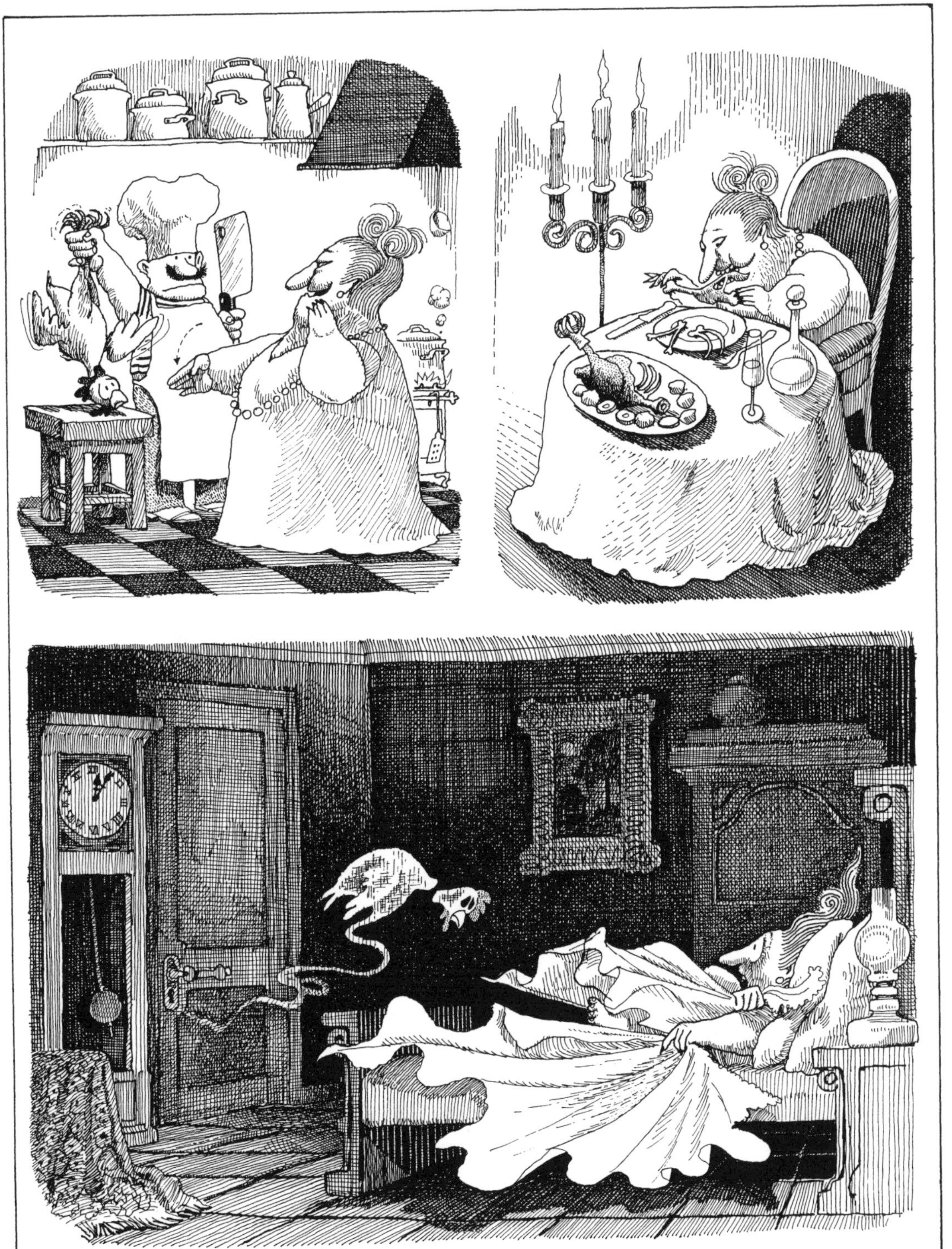

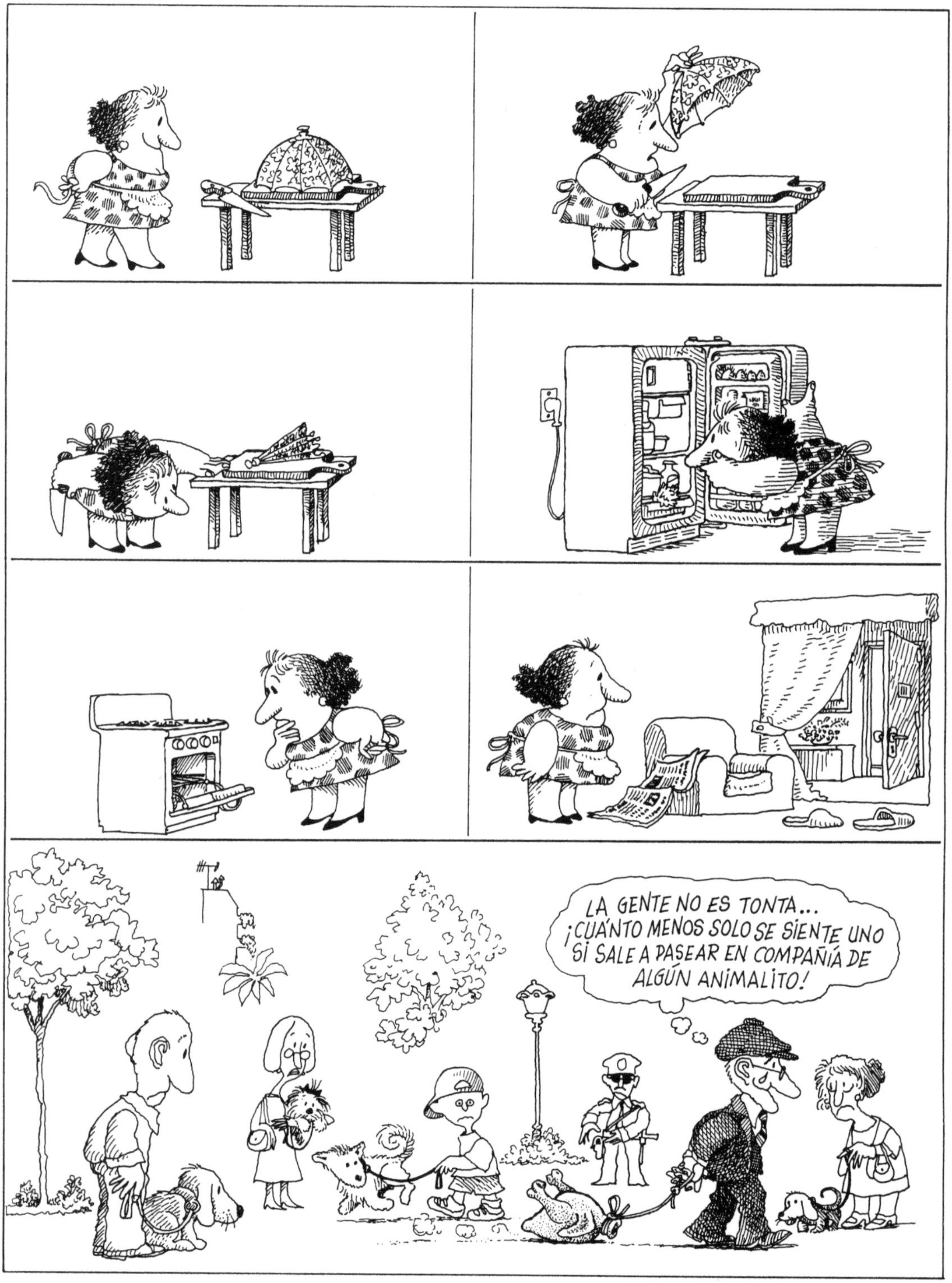
LA GENTE NO ES TONTA... ¡CUÁNTO MENOS SOLO SE SIENTE UNO SI SALE A PASEAR EN COMPAÑÍA DE ALGÚN ANIMALITO!

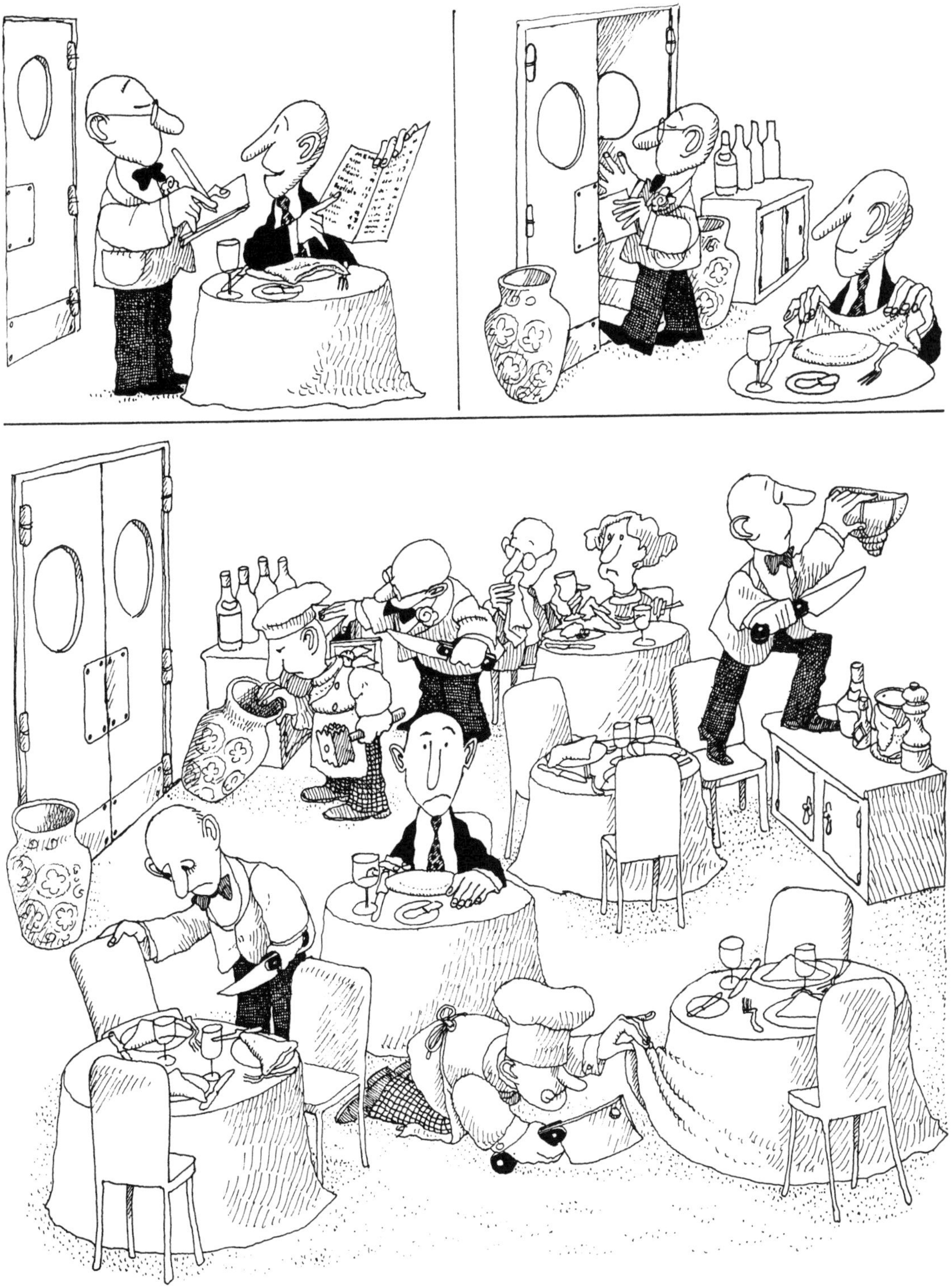

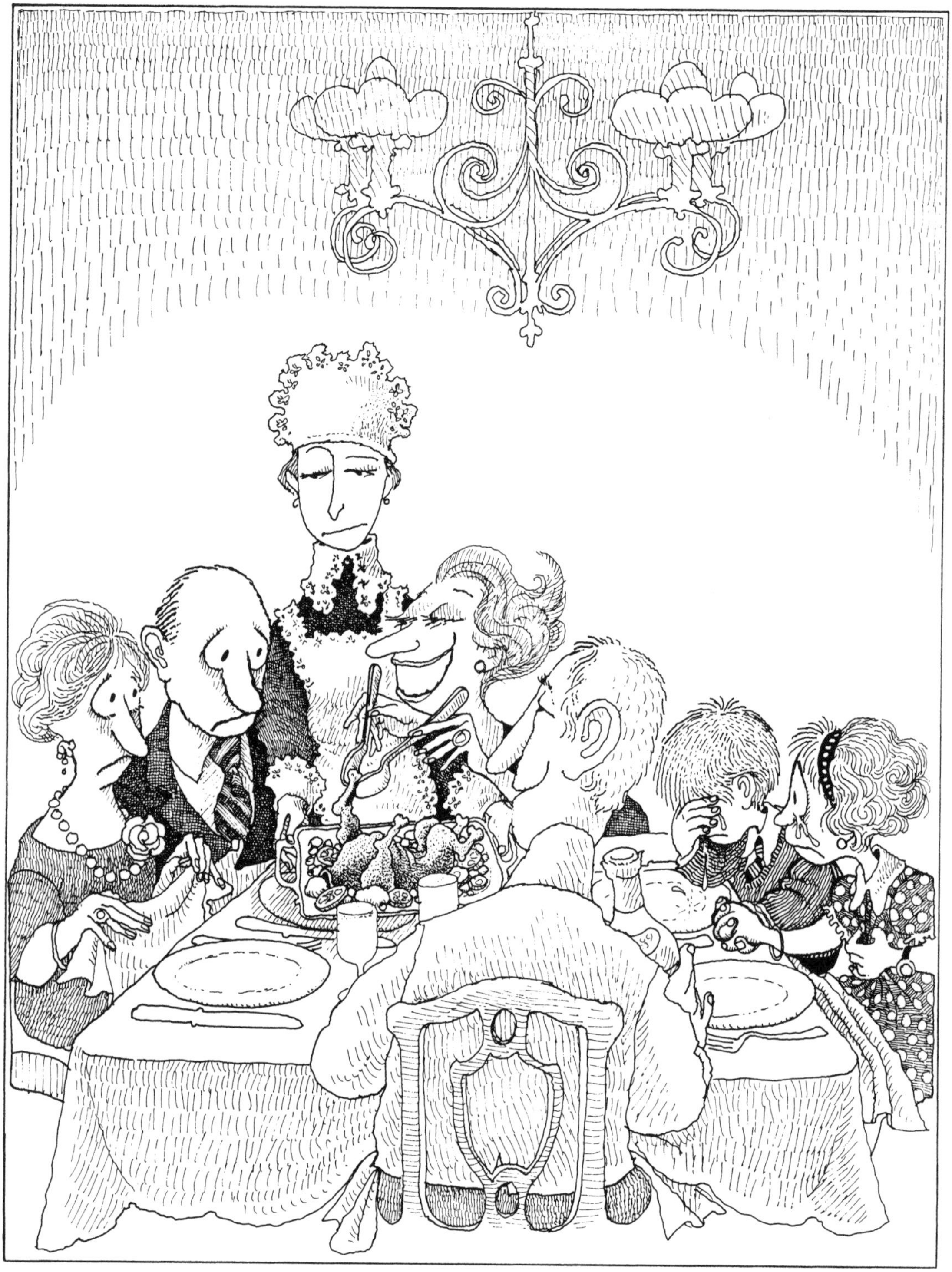

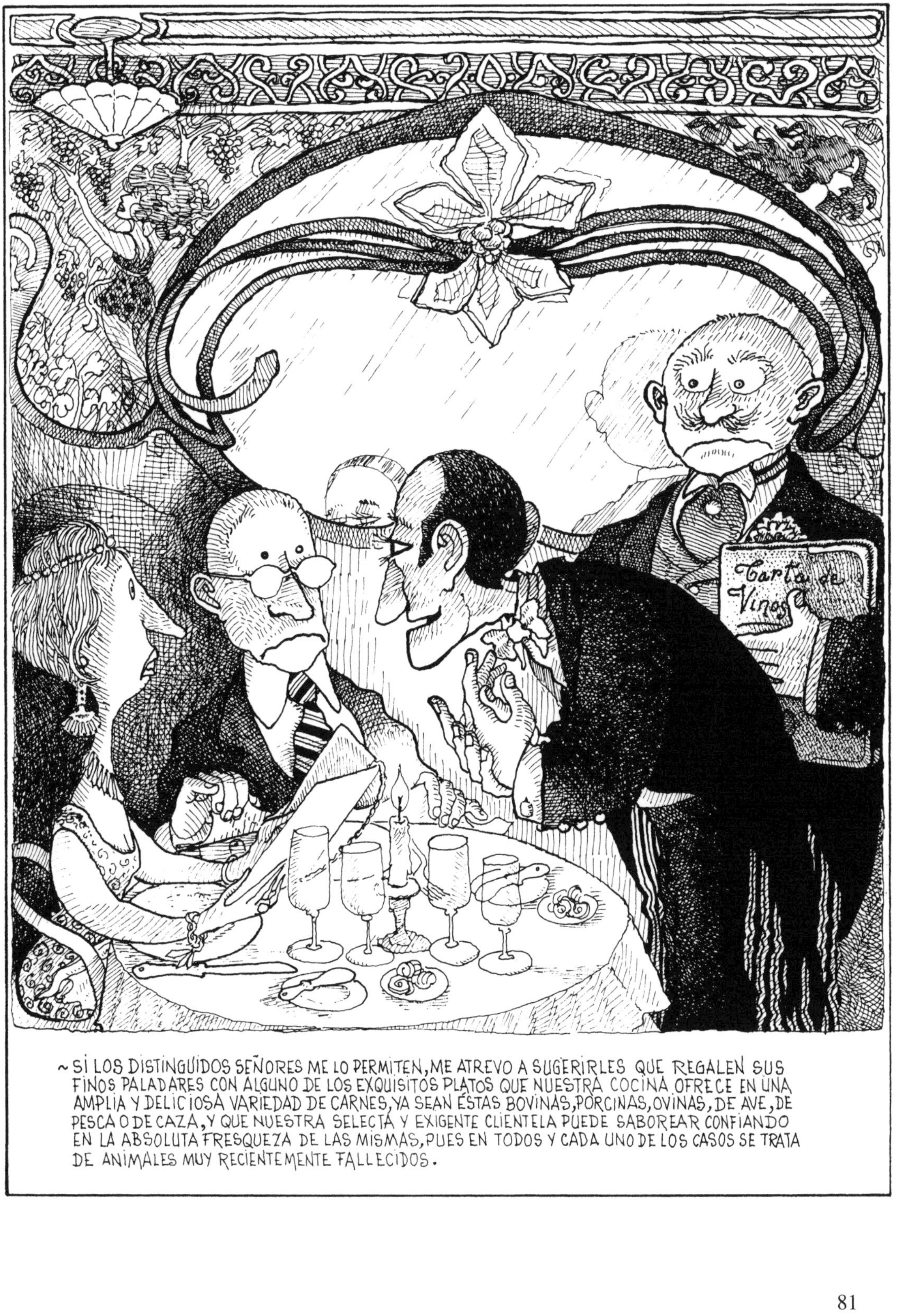
Carta de Vinos

–SI LOS DISTINGUIDOS SEÑORES ME LO PERMITEN, ME ATREVO A SUGERIRLES QUE REGALEN SUS FINOS PALADARES CON ALGUNO DE LOS EXQUISITOS PLATOS QUE NUESTRA COCINA OFRECE EN UNA AMPLIA Y DELICIOSA VARIEDAD DE CARNES, YA SEAN ÉSTAS BOVINAS, PORCINAS, OVINAS, DE AVE, DE PESCA O DE CAZA, Y QUE NUESTRA SELECTA Y EXIGENTE CLIENTELA PUEDE SABOREAR CONFIANDO EN LA ABSOLUTA FRESQUEZA DE LAS MISMAS, PUES EN TODOS Y CADA UNO DE LOS CASOS SE TRATA DE ANIMALES MUY RECIENTEMENTE FALLECIDOS.

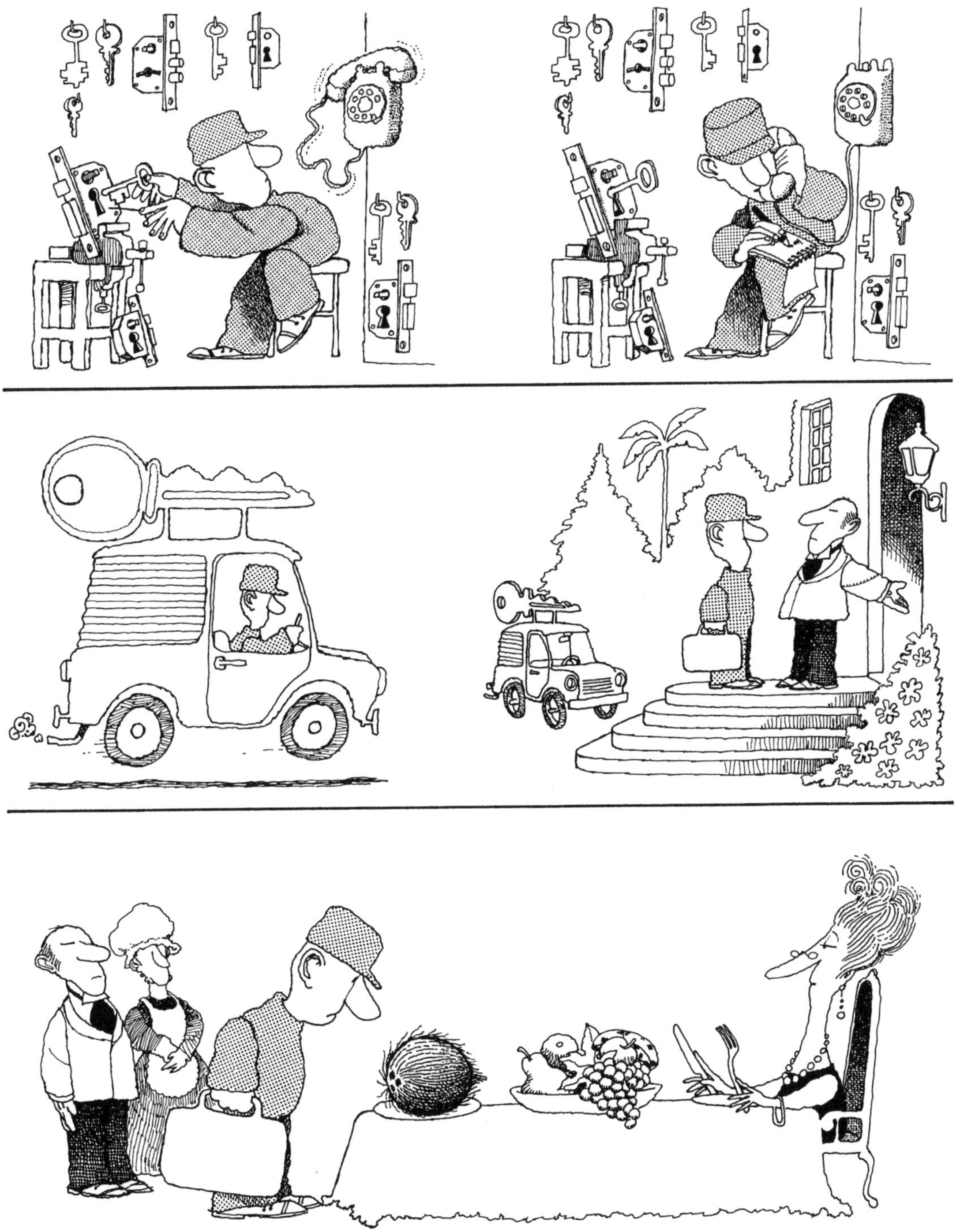

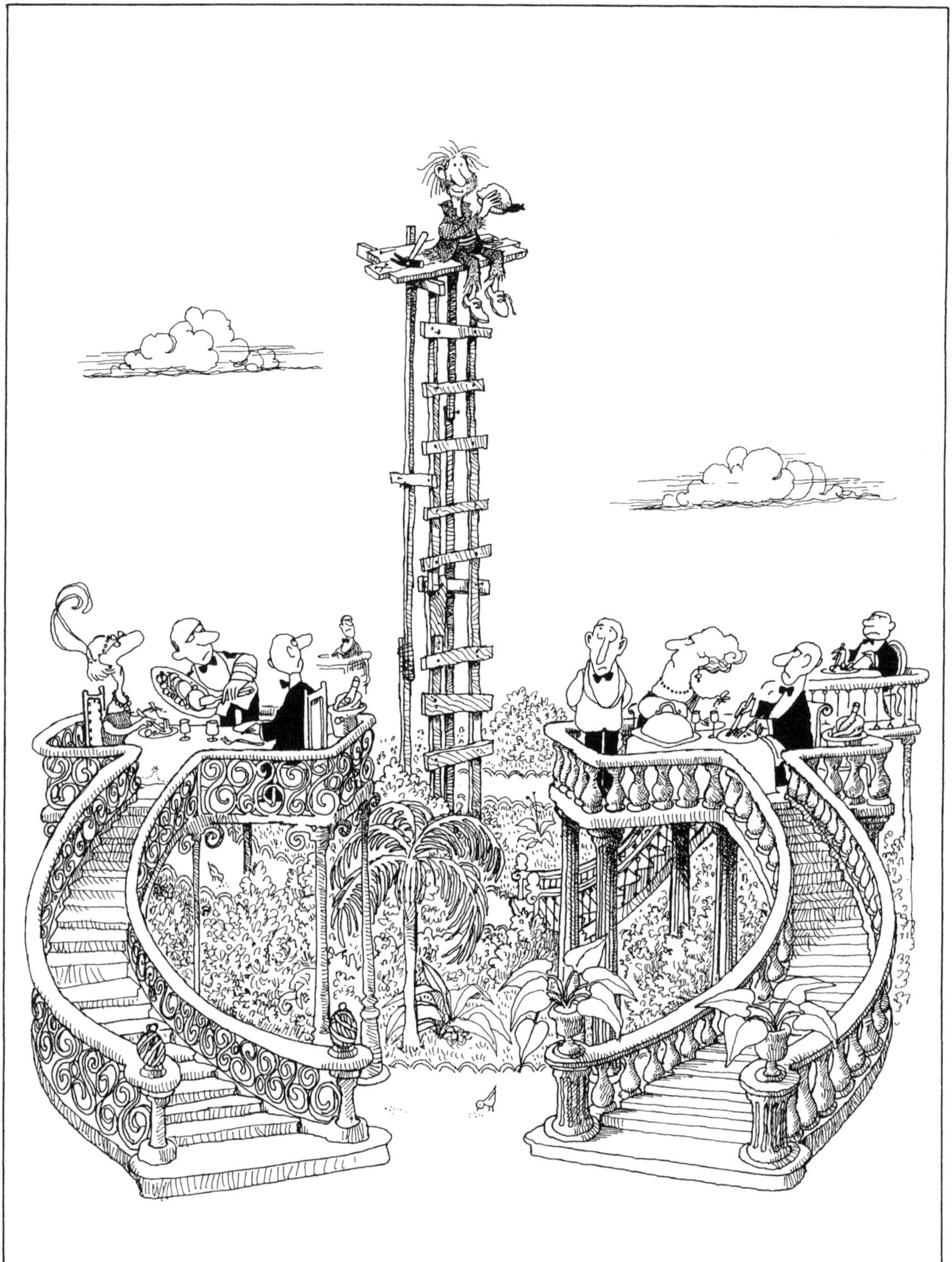

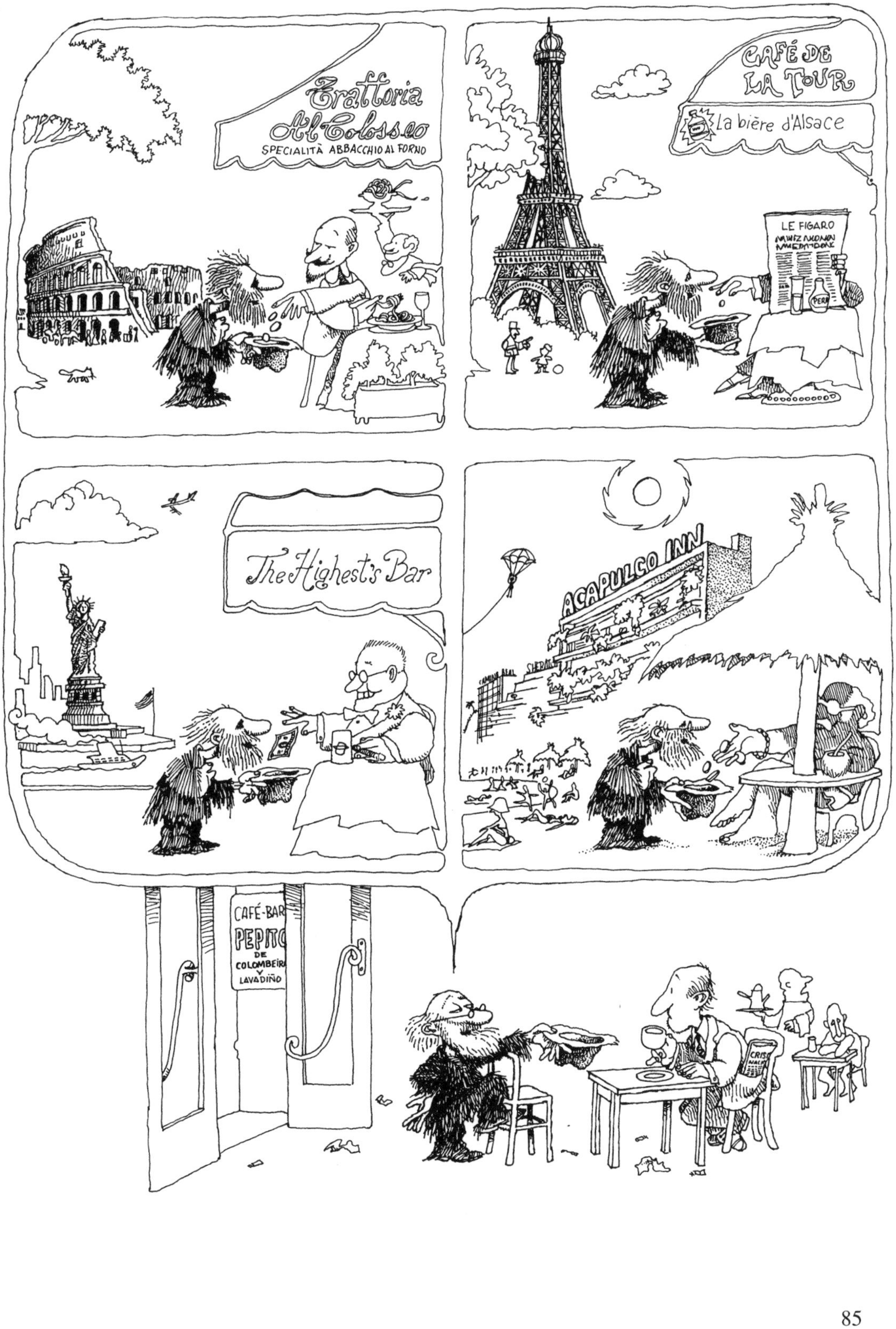
Trattoria
Al Colosseo
SPECIALITÀ ABBACCHIO AL FORNO
CAFÉ DE
LA TOUR
La bière d'Alsace
LE FIGARO
The Highest's Bar
ACAPULCO INN
CAFÉ-BAR
PEPITO
DE
COLOMBEIRA
Y
LAVADIÑO

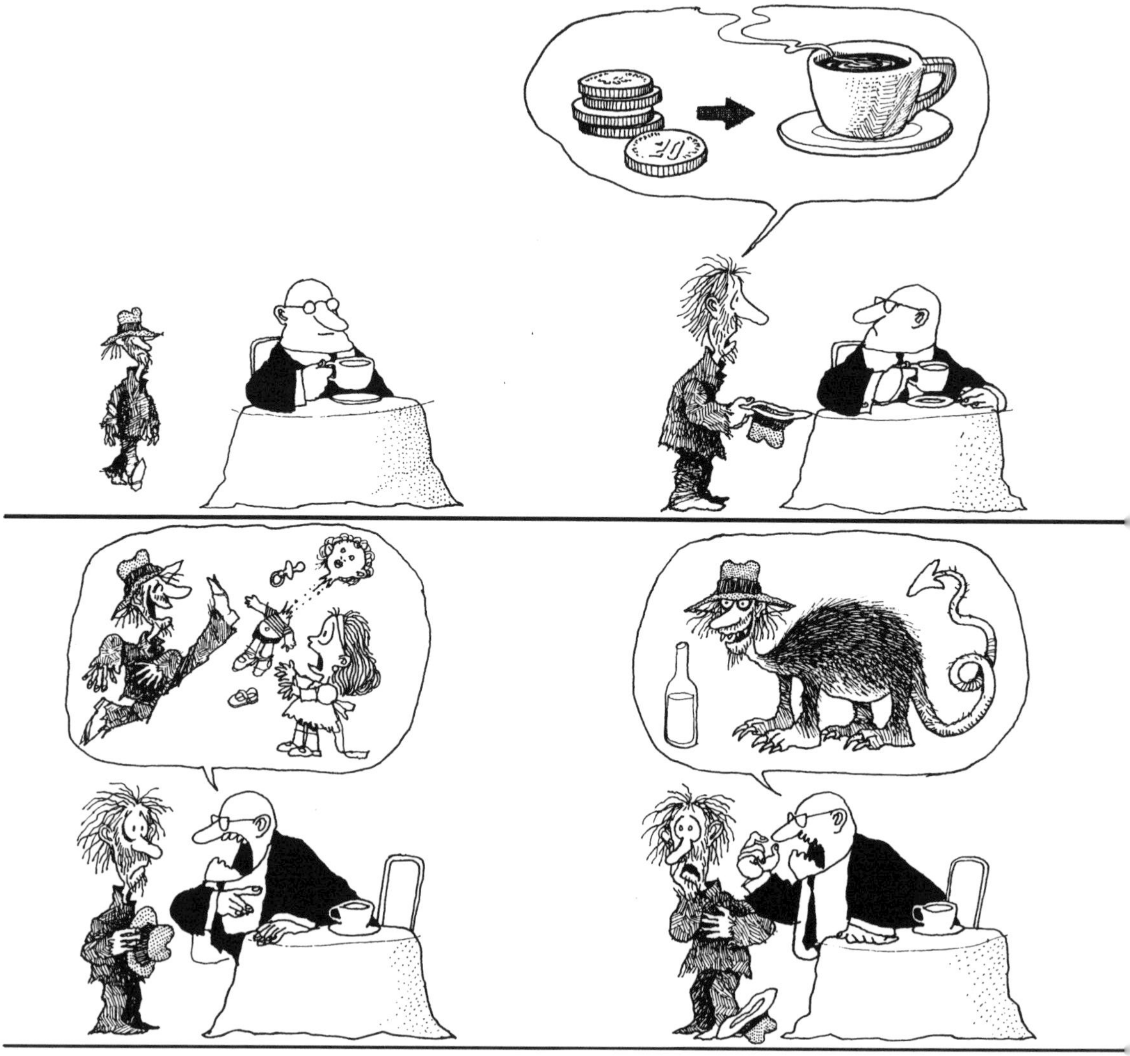

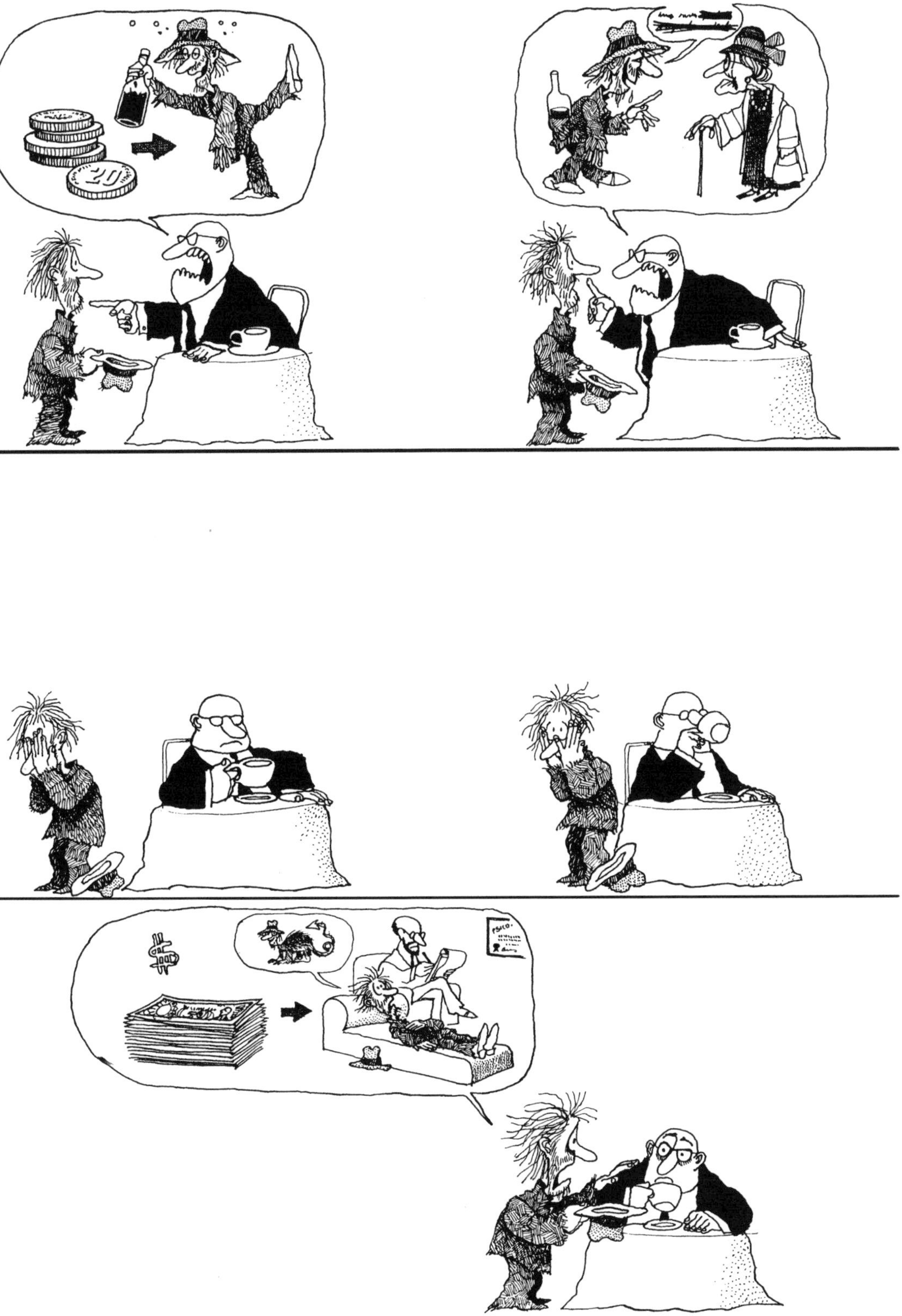

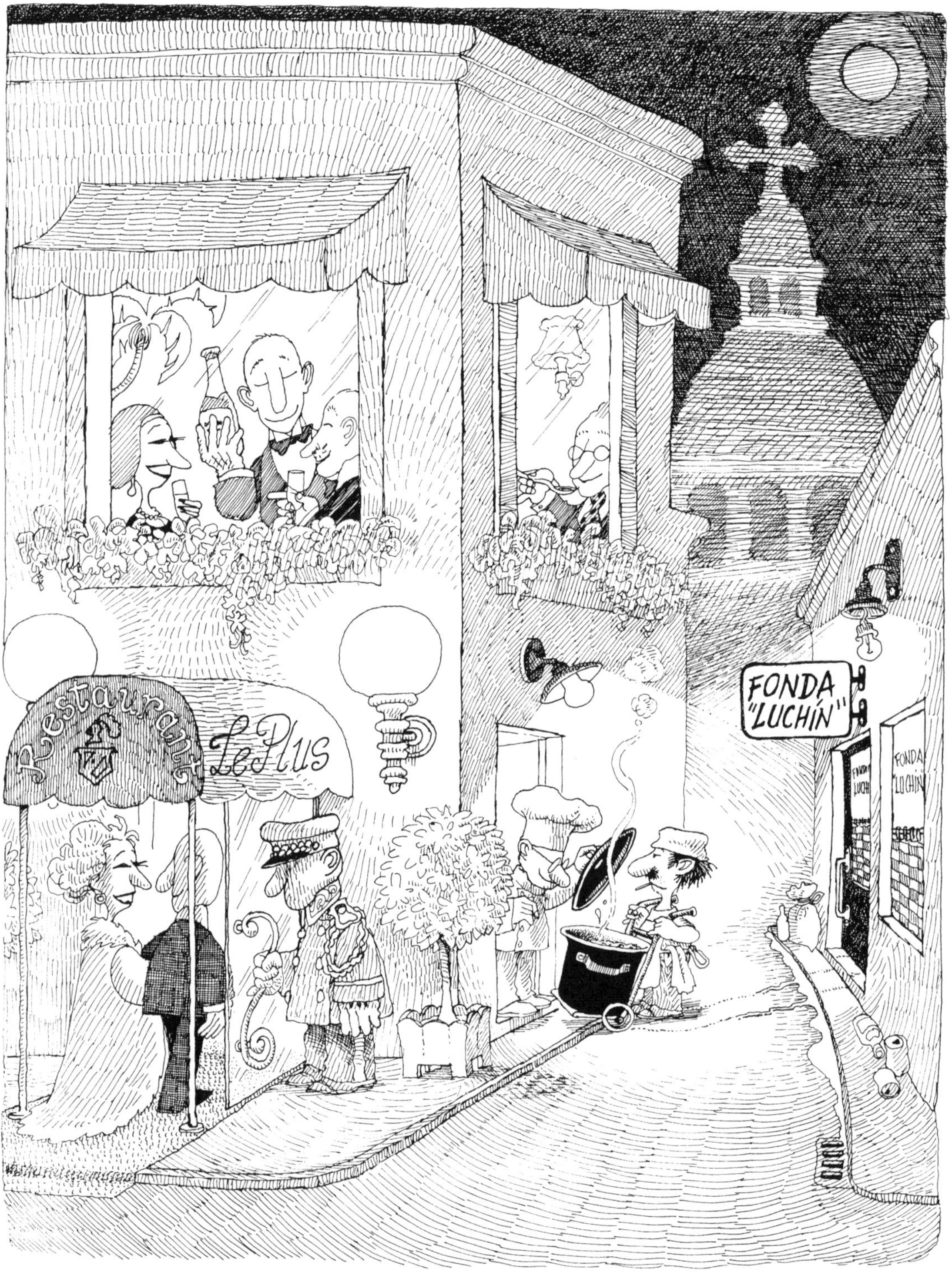
Restaurant
Le Plus
FONDA "LUCHÍN"

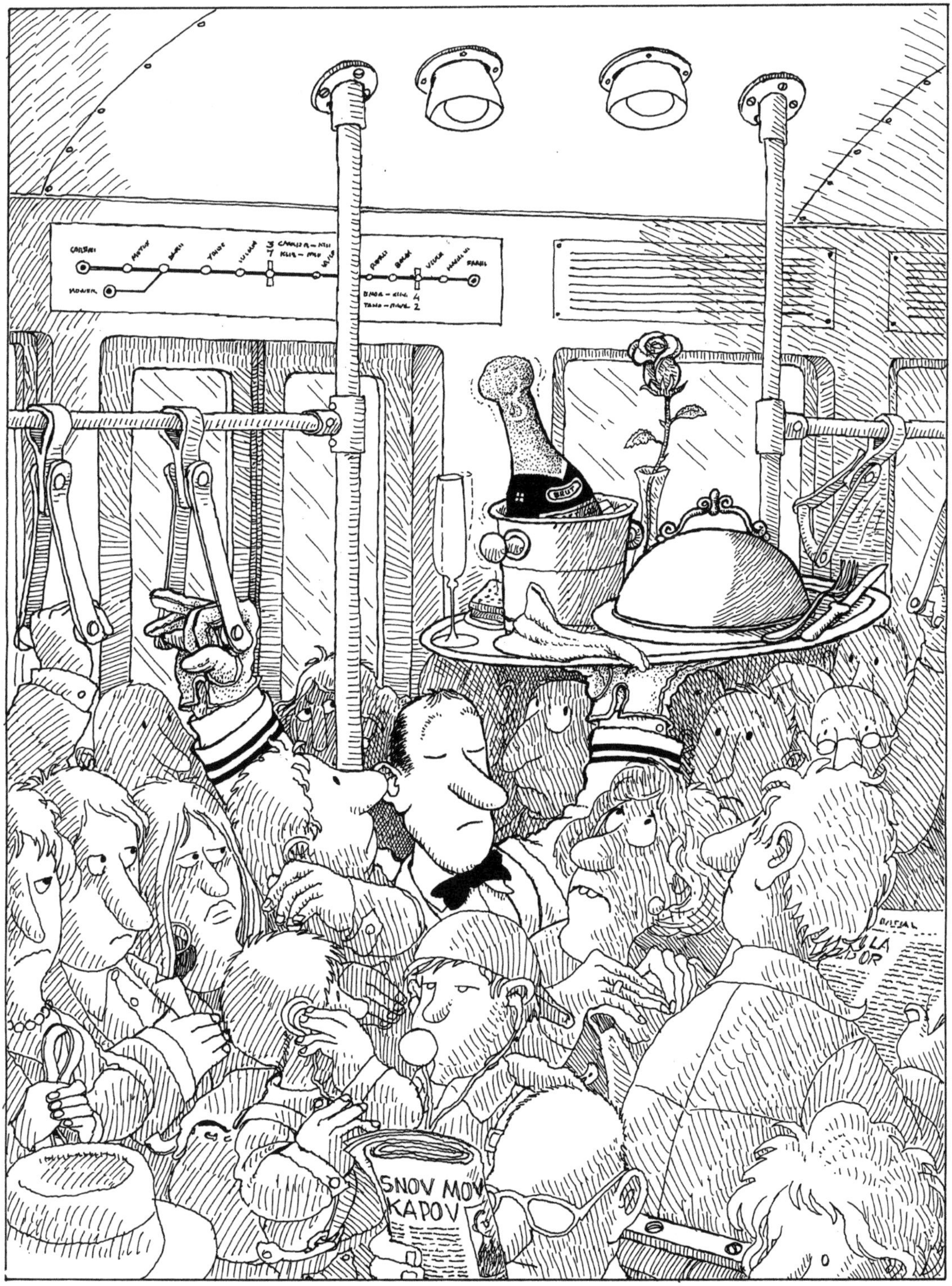
BRUT
SNOV MOV
KAPOV

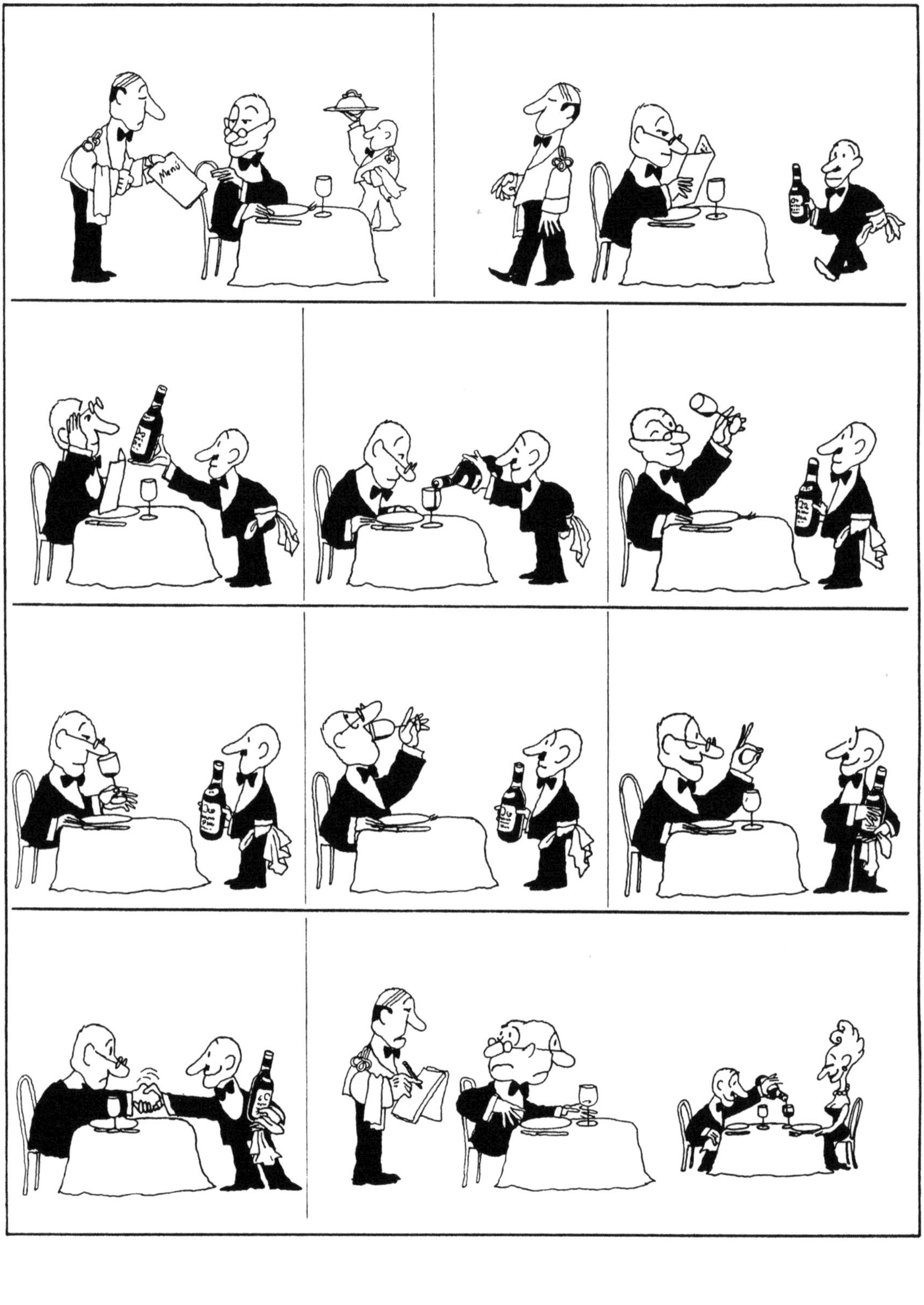
Menú

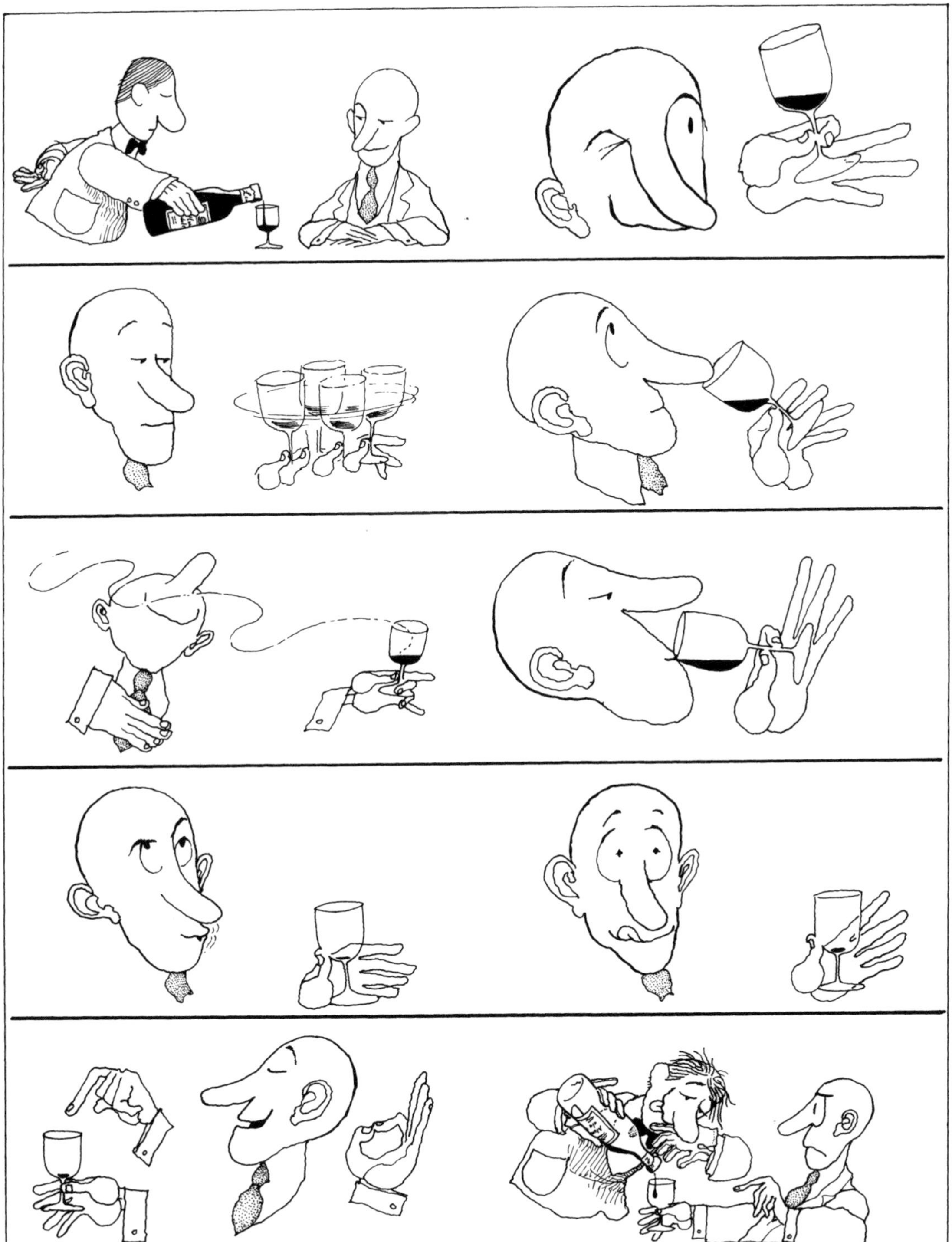

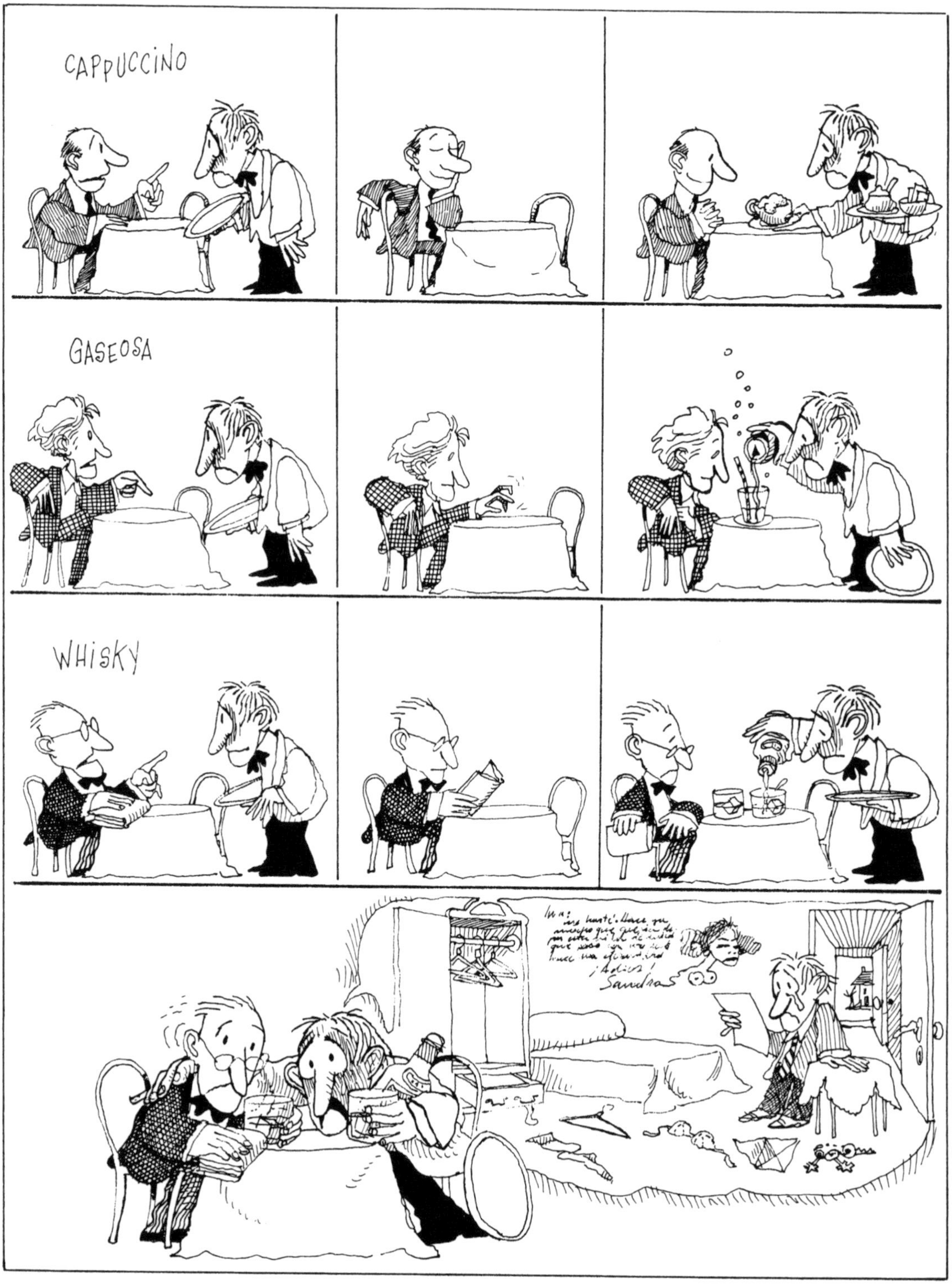
CAPPUCCINO
GASEOSA
WHISKY
¡Adiós!
Sandra

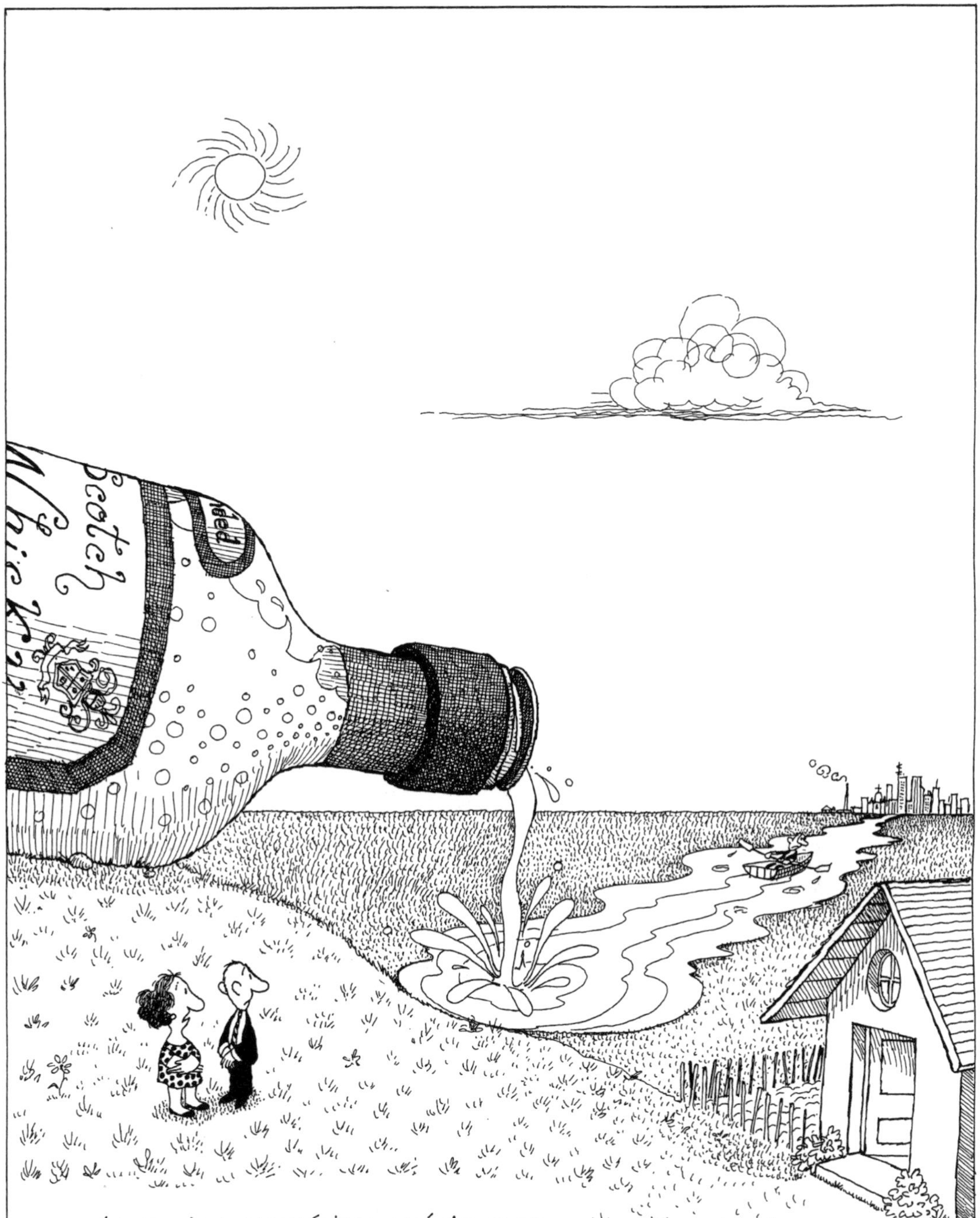
Scotch

–SÍ, CLARO, IR A ALCOHÓLICOS ANÓNIMOS LE RESULTA FÁCIL, LO QUE SE LE HACE DIFÍCIL ES VOLVER LUEGO A CASA.

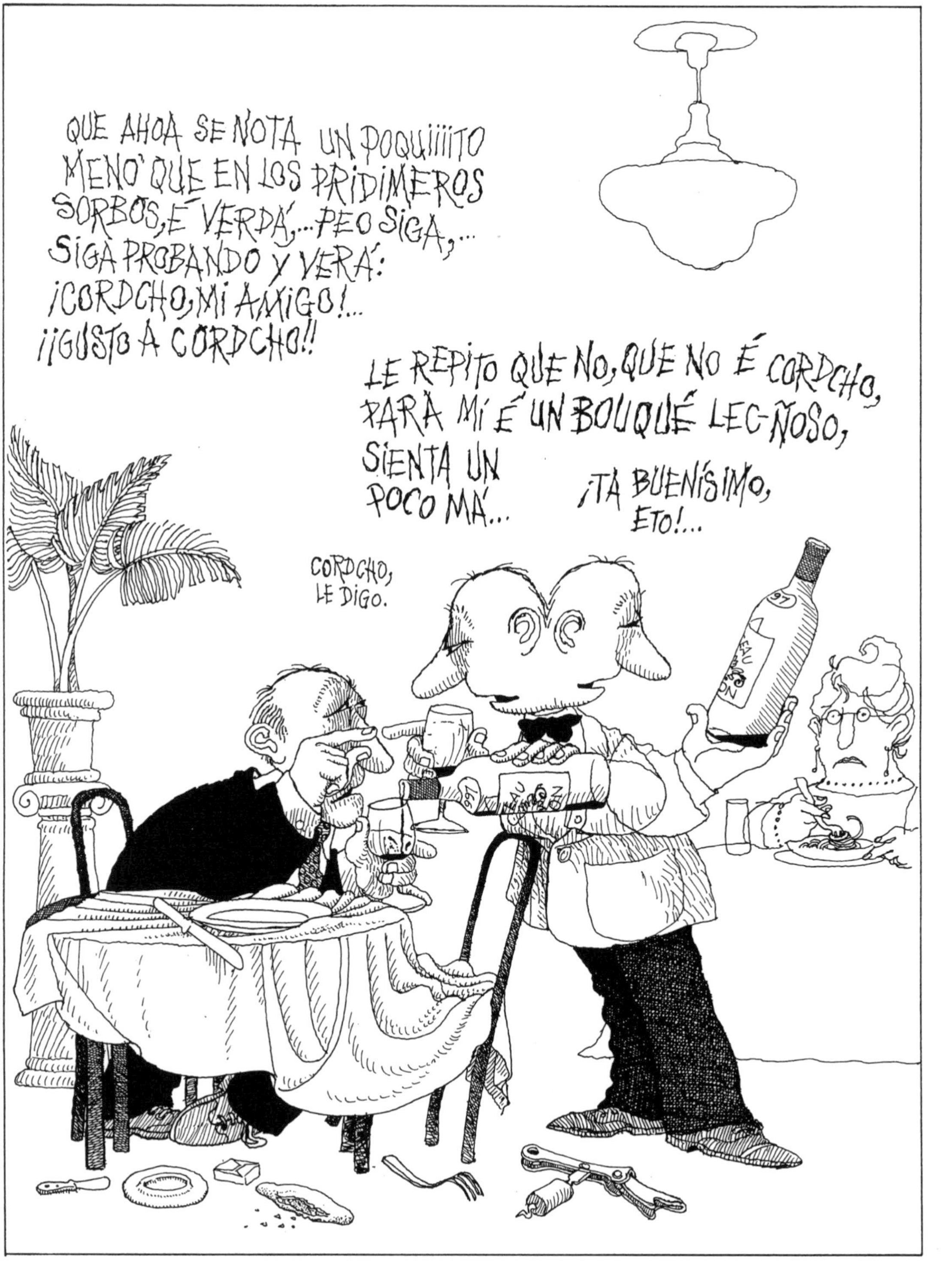
QUE AHOA SE NOTA UN POQUIIIITO MENO' QUE EN LOS PRIDIMEROS SORBOS, É VERDÁ,...PEO SIGA, SIGA PROBANDO Y VERÁ: ¡CORDCHO, MI AMIGO!... ¡¡GUSTO A CORDCHO!!
LE REPITO QUE NO, QUE NO É CORDCHO, PARA MÍ É UN BOUQUÉ LEC-ÑOSO, SIENTA UN POCO MÁ...
¡TA BUENÍSIMO, ETO!...
CORDCHO, LE DIGO.

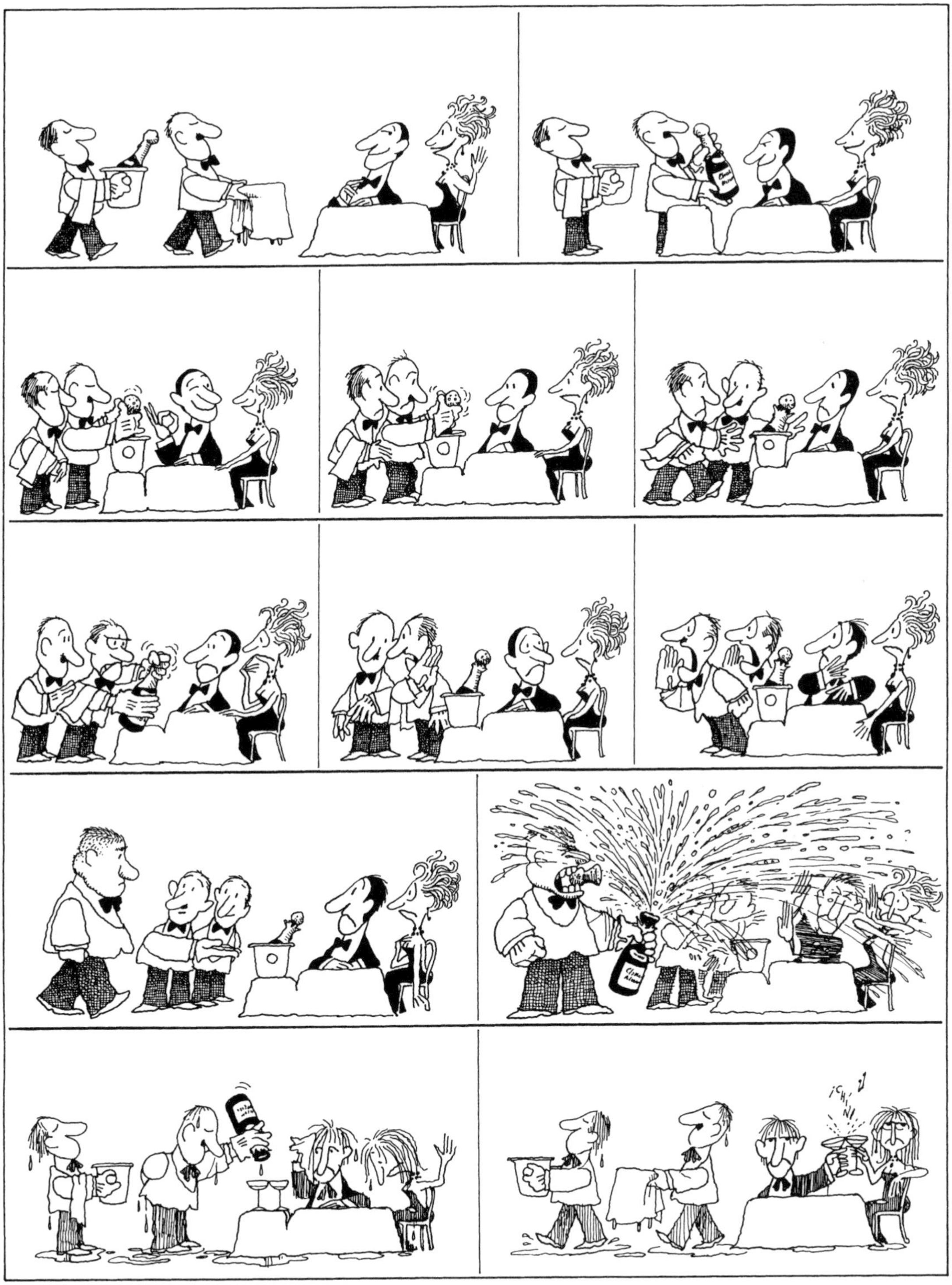
¡CHIN!

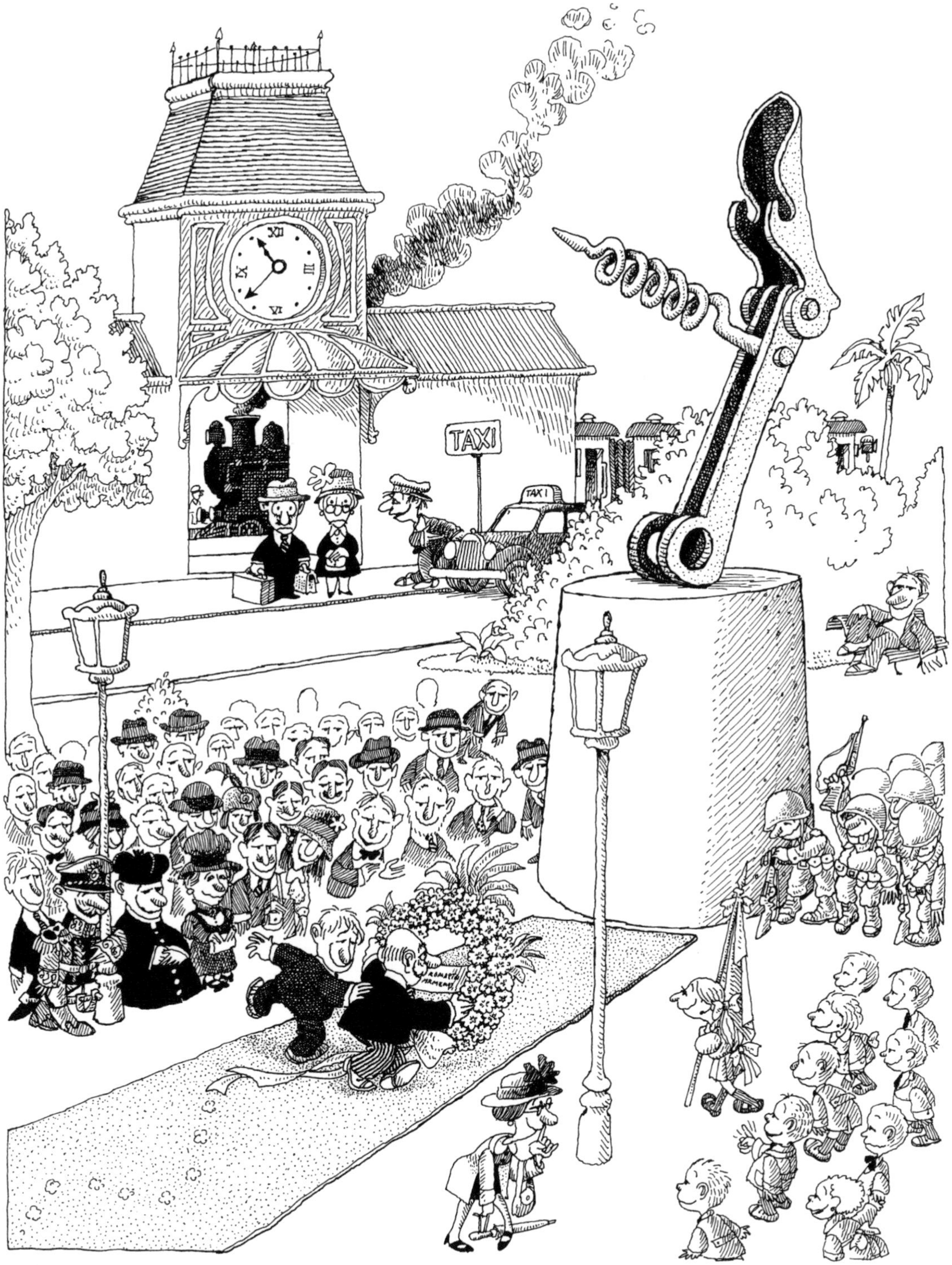
TAXI
TAXI

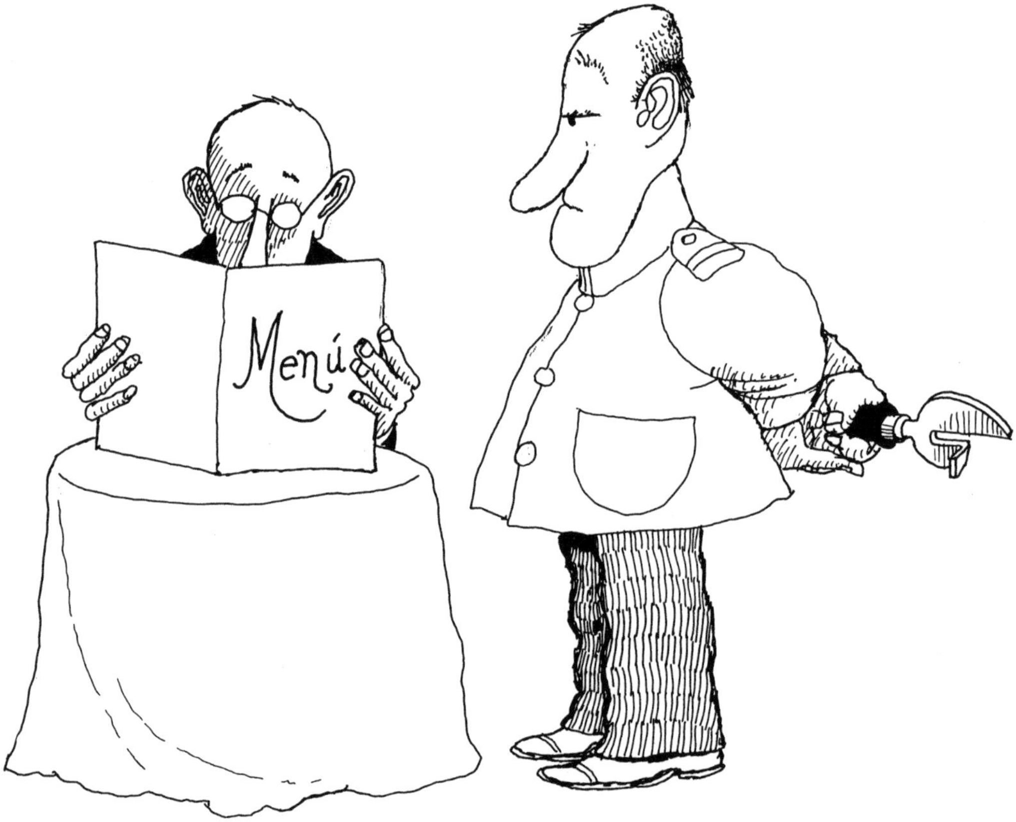
Menú

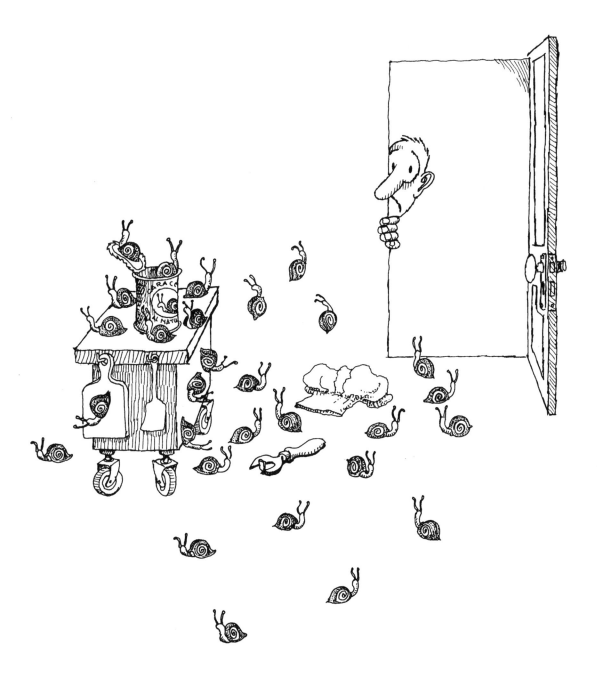

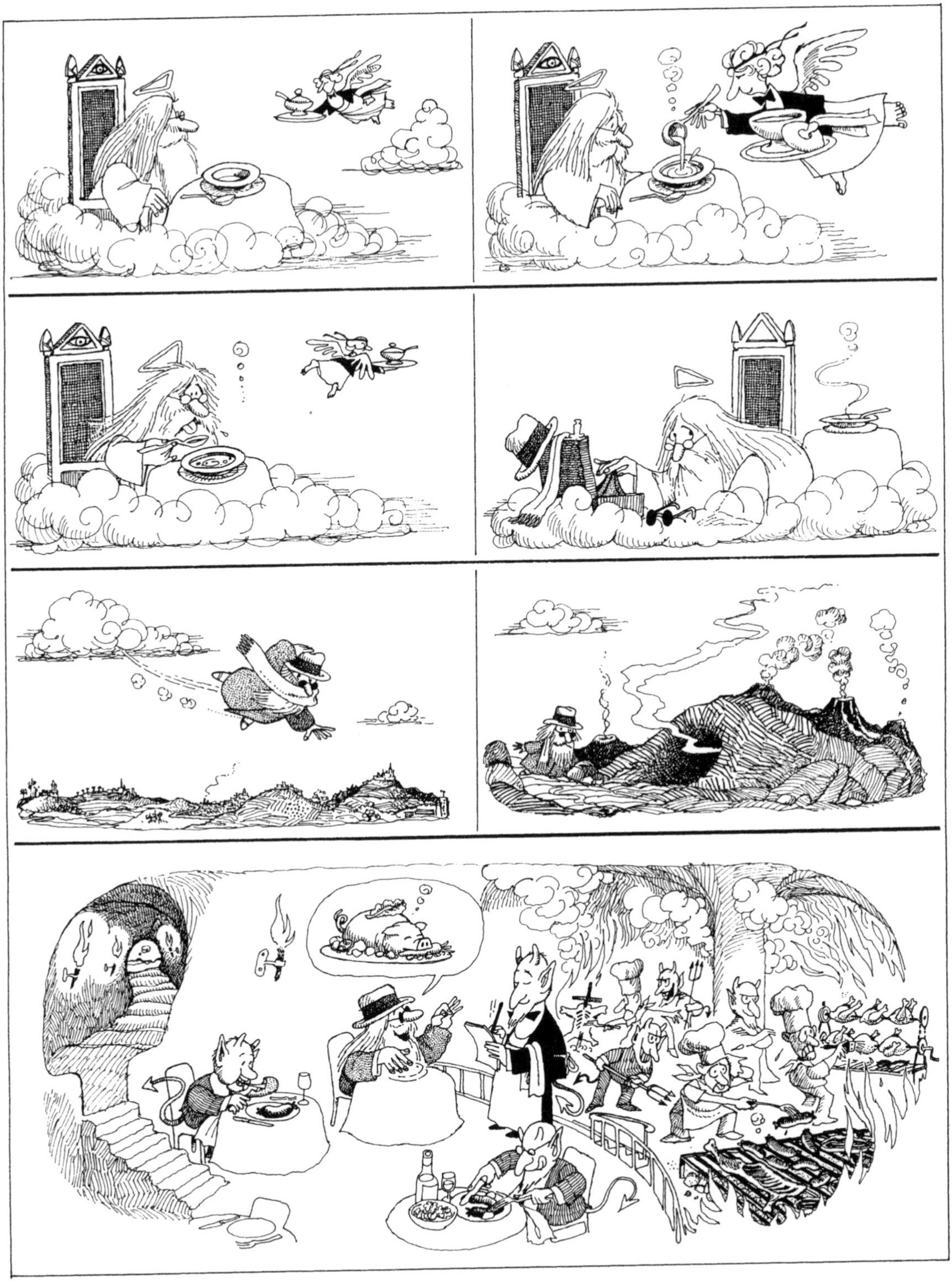

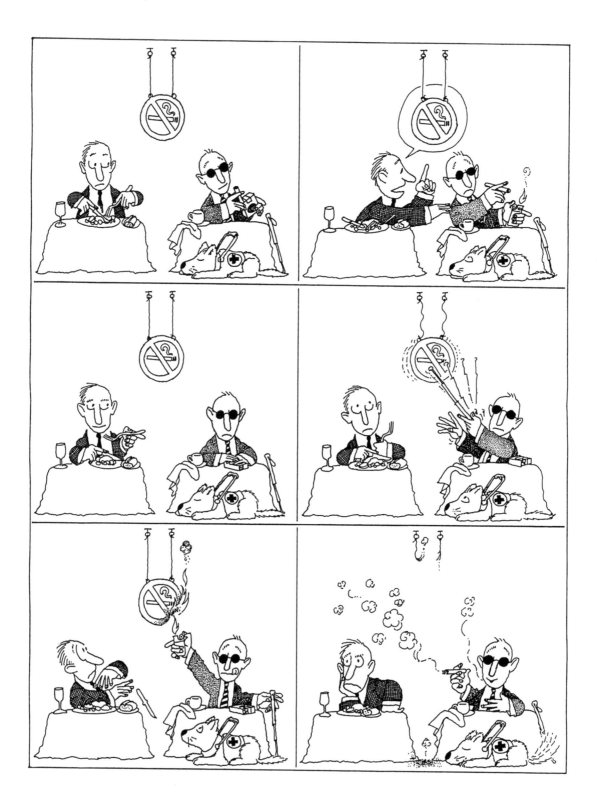

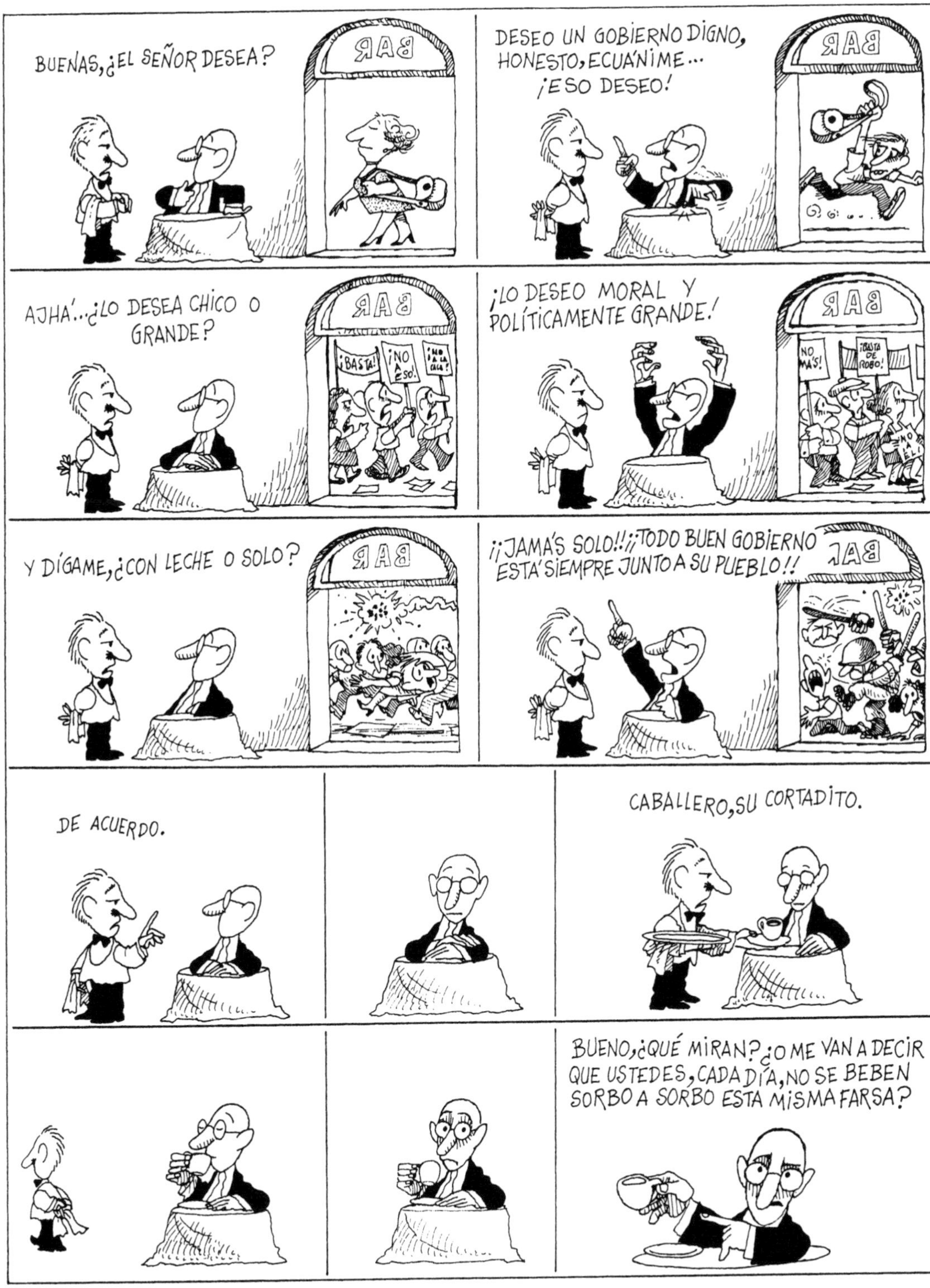
BUENAS, ¿EL SEÑOR DESEA?
DESEO UN GOBIERNO DIGNO, HONESTO, ECUÁNIME... ¡ESO DESEO!
AJHÁ... ¿LO DESEA CHICO O GRANDE?
¡BASTA!
¡NO A ESO!
¡LO DESEO MORAL Y POLÍTICAMENTE GRANDE!
NO MÁS!
¡BASTA DE ROBO!
Y DÍGAME, ¿CON LECHE O SOLO?
¡¡JAMÁS SOLO!! ¡¡TODO BUEN GOBIERNO ESTÁ SIEMPRE JUNTO A SU PUEBLO!!
DE ACUERDO.
CABALLERO, SU CORTADITO.
BUENO, ¿QUÉ MIRAN? ¿O ME VAN A DECIR QUE USTEDES, CADA DÍA, NO SE BEBEN SORBO A SORBO ESTA MISMA FARSA?

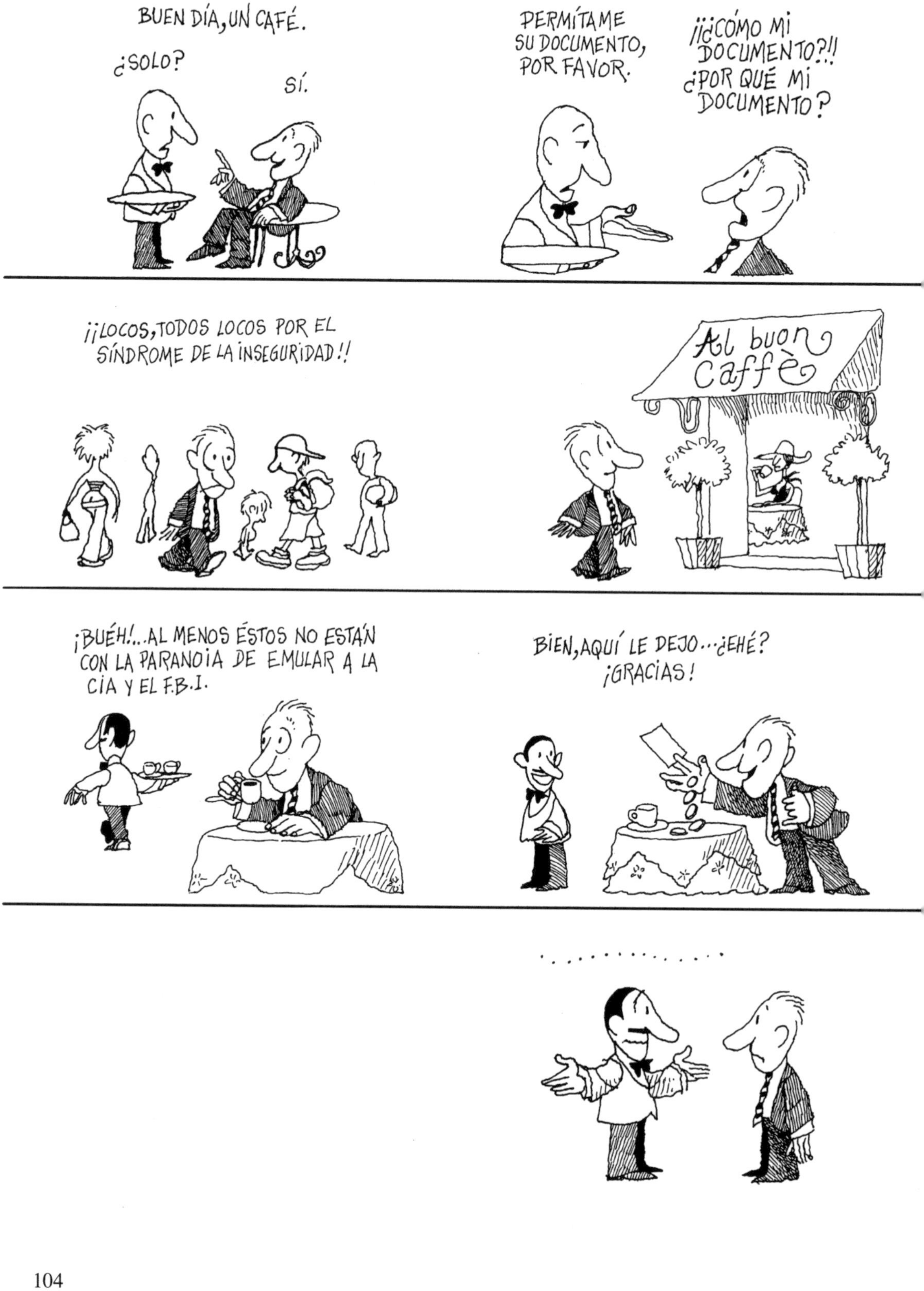
BUEN DÍA, UN CAFÉ.
¿SOLO?
SÍ.
PERMÍTAME SU DOCUMENTO, POR FAVOR.
¡¡¿CÓMO MI DOCUMENTO?!! ¿POR QUÉ MI DOCUMENTO?
¡¡LOCOS, TODOS LOCOS POR EL SÍNDROME DE LA INSEGURIDAD!!
Al buon caffè
¡BUÉH!... AL MENOS ÉSTOS NO ESTÁN CON LA PARANOIA DE EMULAR A LA CIA Y EL F.B.I.
BIEN, AQUÍ LE DEJO... ¿EHÉ? ¡GRACIAS!
....

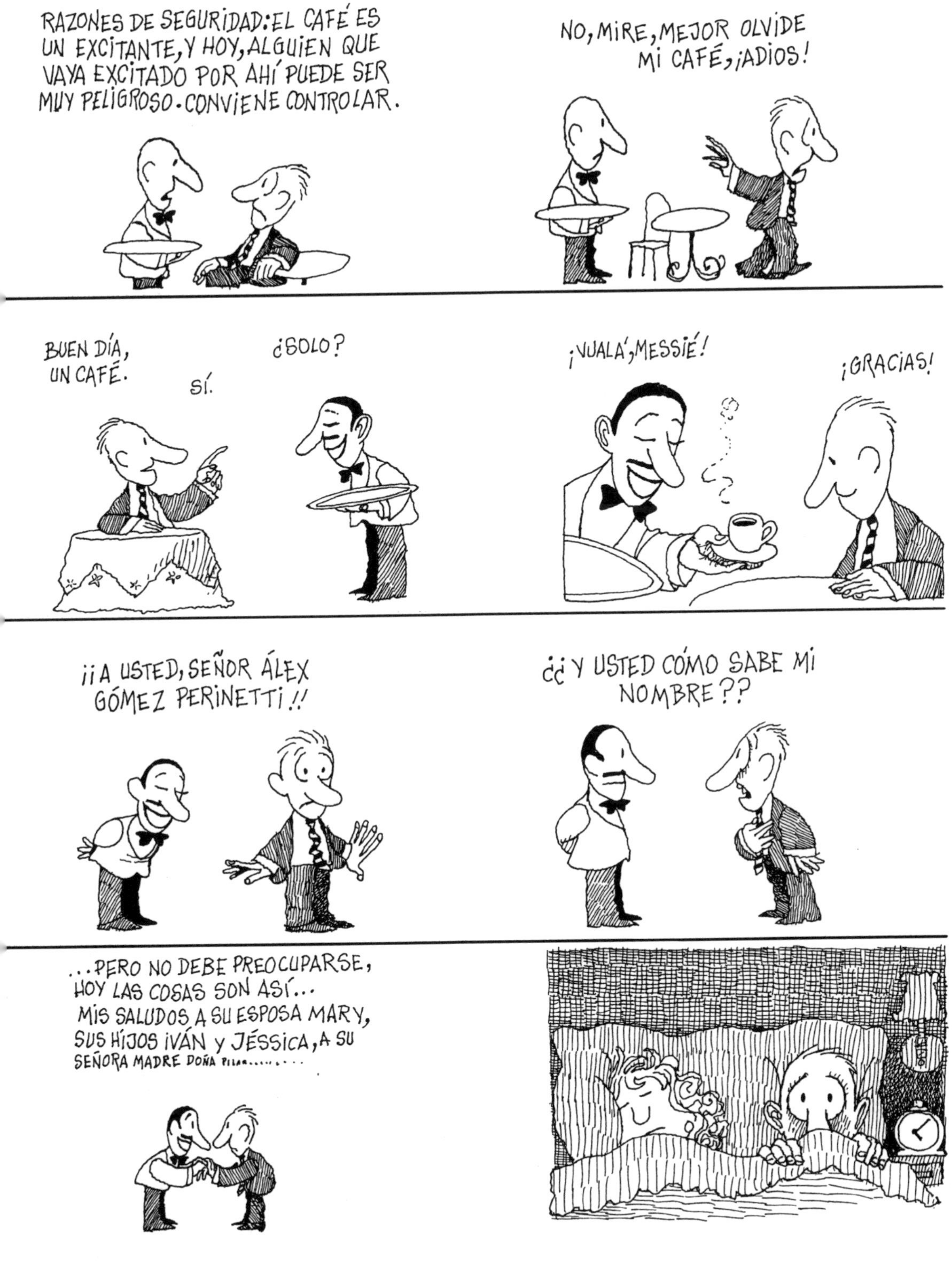
RAZONES DE SEGURIDAD: EL CAFÉ ES UN EXCITANTE, Y HOY, ALGUIEN QUE VAYA EXCITADO POR AHÍ PUEDE SER MUY PELIGROSO. CONVIENE CONTROLAR.
NO, MIRE, MEJOR OLVIDE MI CAFÉ, ¡ADIOS!
BUEN DÍA, UN CAFÉ.
¿SOLO?
SÍ.
¡VUALÁ, MESSIÉ!
¡GRACIAS!
¡¡A USTED, SEÑOR ÁLEX GÓMEZ PERINETTI!!
¿¿Y USTED CÓMO SABE MI NOMBRE??
...PERO NO DEBE PREOCUPARSE, HOY LAS COSAS SON ASÍ... MIS SALUDOS A SU ESPOSA MARY, SUS HIJOS IVÁN y JÉSSICA, A SU SEÑORA MADRE DOÑA PILAR.........

Joaquín Lavado nació el 17 de julio de 1932 en Mendoza (Argentina) en el seno de una familia de emigrantes andaluces. Descubrió su vocación como dibujante a los tres años. Por esas fechas ya lo empezaron a llamar **Quino**. En 1954 publica su primera página de chistes en el semanario bonaerense *Esto Es*. En 1964, su personaje Mafalda comienza a aparecer con regularidad en el semanario *Primera Plana*. El éxito de sus historietas le brinda la oportunidad de publicar en el diario nacional *El Mundo* y será el detonante del boom editorial que se extenderá por todos los países de lengua castellana. Tras la desaparición de *El Mundo* y un año de ausencia, Mafalda regresa a la prensa en 1968 gracias al semanario *Siete Días* y en 1970 llega a España de la mano de Esther Tusquets y de la editorial Lumen. En 1973, Mafalda y sus amigos se despiden para siempre de sus lectores. Lumen ha publicado los once tomos recopilatorios de viñetas de *Mafalda*, numerados de 0 a 10, y también en un único volumen —*Mafalda. Todas las tiras* (2011)—, así como las viñetas que permanecían inéditas y que integran junto con el resto el libro *Todo Mafalda*, publicado con ocasión del cincuenta aniversario del personaje. En 2018 vio la luz la recopilación en torno al feminismo *Mafalda. Femenino singular*; en 2019, *Mafalda. En esta familia no hay jefes*; en 2020, *El amor según Mafalda*; en 2021, *La filosofía de Mafalda* y en 2022, *Mafalda presidenta*. También han aparecido en Lumen los dieciséis libros de viñetas humorísticas del dibujante, entre los que destacan *Mundo Quino* (2008), *Quinoterapia* (2008), *Simplemente Quino* (2016), y el volumen recopilatorio *Esto no es todo* (2008).

Quino ha logrado tener una gran repercusión en todo el mundo, se han instalado esculturas de Mafalda en Buenos Aires, Oviedo y Mendoza, sus libros han sido traducidos a más de veinte lenguas y dialectos (los más recientes son el armenio, el búlgaro, el hebreo, el polaco y el guaraní), y ha sido galardonado con premios tan prestigiosos como el Príncipe de Asturias de Comunicación y Humanidades y el B'nai B'rith de Derechos Humanos. Quino murió en Mendoza el 30 de septiembre de 2020.

Este libro acabó de
imprimirse en Barcelona
en julio de 2022